Библиотека
Стара српска књижевност

Данашња језичка верзија
Лазар Мирковић
Димитрије Богдановић

Приредио
Димитрије Богдановић

Уредник
Даница Штерић

© Просвета

СВЕТИ САВА
САБРАНИ СПИСИ

ПРОСВЕТА

ПРЕДГОВОР

СВЕТИ САВА

Са образовањем јединствене државе Немањића настаје и нова епоха у историји старе српске књижевности. Књижевност се осамостаљује; у оквиру система жанрова, наслеђеног из старословенског раздобља, пишу се дела на нове, српске теме; ма колико средњовековна поетика истицала у први план универзалне вредности и карактер стваралаштва, оно што је опште и што је изнад појединца, јављају се сада и снажне ауторске личности, писци чије дело носи и обележје њихова дара, памти се по њиховом имену. Ново раздобље, које почиње првих година XIII века, обележено је утврђивањем и нормирањем рашке редакције старословенског језика, иза чега стоји и висок ступањ писмености: веома жива преписивачка делатност, али и развој књижевности, интензивније превођење са грчког и састављање оригиналних дела, и то све у рашким центрима и у новом, светогорском српском центру, манастиру Хиландару.

Епоха XIII века није прва у историји српске књижевности. Ње не би било без оног претходног раздобља у коме су за нешто више од два столећа створене основе, када је одређен смер и карактер литературе, изграђен елементарни систем жанрова у својим главним одредницама, изабран и модификован језик књижевности. Ипак, тек са делом светог Саве и развојем аутокефалне српске цркве српска књижевност добија ону своју садржину која ће је учинити равноправним и активним учесником у књижевном животу православног словенског света. Отуда је тринаести век не само нова него и главна етапа у конституисању српске средњовековне књижевности. Та етапа се завршава нешто пре краја столећа, са коначним нормирањем рашке ортографије у писмености и заокругљивањем стварања у главним жанровима раздобља: житију и служби. До краја XIII века се коначно формирају и главни књижевни центри ране немањићке Србије – Хиландар, Студеница, Жича, Милешева, Пећ, у којима се фонд старословенске опште литературе попуњава делима српске, домаће књижевне радионице. У току овог столећа српска књижевност настоји да ухвати корак, да досегне висину византијско-словенске литературе, да се прикључи њеној заједници. Мотив те делатности, њен главни покретач, налази се у стварању српских православних култова, култова светородне династије и аутокефалне цркве. За улазак у свет византијске и европске цивилизације средњег века била је потребна не само своја, независна држава и самостална, аутокефална црква него и свој улог у општу хришћанску културу тога света, поготову учешће у светости, у једној вишој духовној заједници, где би српски народ био заступљен преко „својих људи". Сопствена књижевност је отуда била неопходан израз друштвене и националне самосталности, али у исто време и оне интегрисаности у духовној екумени хришћанске цивилизације којом се показује зрелост и оправдава чак и сама политичка егзистенција државе на светском плану.

На том се основу развила сва специфичност старе српске књижевности, колико и њен универзални, светски идентитет: специфичности се изражавају у остваривању општих жанрова, највише у житијној књижевности, где се може говорити о тзв. „владарској историографији"; далеко су мање изражене у химнографији, у песништву, где су канони византијске поетике сасвим видљиви.

Улогу зачетника осамостаљене српске књижевности тринаестог века има свети Сава, најмлађи син великог жупана Стефана Немање, творац и први архиепископ самосталне српске цркве (око 1175–1235).[1]

Још као младић Растко он је напустио управу Хумском облашћу, вероватно 1191, и у Светој Гори примио монашки чин. Извори сложно говоре о његовој неутољивој жудњи да живи светим, испосничким животом. Не само химнографски текстови него и биографије Савине описују веома подробно Расткову монашку мотивацију; зато неуверљиво изгледају домишљања, једно време омиљена у српској историографији, да је Растков одлазак у Свету Гору и његово монашење планирао сам Немања из политичких разлога. Сава је примио расу у Старом Русику, а замонашен је у Ватопеду, где је 1197. године дочекао оца, тада већ монаха и схимонаха Симеона. Са очевим ауторитстом и духовним угледом што га је сам за кратко време стекао на Атосу, Сава је у намери

---

[1] Библиографија о светом Сави је огромна. Покушај да се она публикује већ је застарео: С. Станојевић – Р. Перовић, *Нацрт библиографије о св. Сави,* Брaство 28 (1934) 164–192. Добар увид у питања, везана за живот и рад светог Саве у јубиларним публикацијама: Светосавски зборник 1 (1936) и 2 (1938); Свети Сава – Споменица (1977); Сава Немањић – Свети Сава (1979). У овом последњем зборнику инструктиван је чланак С. Ћирковића, *Проблеми биографије светога Саве,* 7–13. Књижевна дела светог Саве објављена су у издању В. Ћоровића *Списи св. Саве,* Београд – С. Карловци 1928. Из мноштва радова посвећених Сави као књижевнику може се издвојити општи поглед П. Поповића, *О књижевном делу светога Саве* Брaство 28 (1934) 36–44.

да заснује српску обитељ у Светој Гори тражио и добио од византијског цара Алексија III Анђела (1195–1203) у Цариграду 1198. године златопечатни сигилиј, а нешто касније и хрисовуљу којом се запустели манастирић Хиландар ставља под управу Симеона и Саве као потпуно самоуправни, независни манастир.

Оснивање српског манастира у Светој Гори, средишту православне духовности, и добијање акта о његовој независности, откривали су тежње првих Немањића и наговештавали развој српскога црквеног питања и српског духовног живота.

После смрти Симеонове 1199. године Сава је неко време у обновљеном, српском Хиландару, окупљајући братство. После пада Цариграда и успостављања Латинског царства 1204, он се вратио у Србију са очевим моштима, измирио браћу Стефана и Вукана и остао у Студеници као архимандрит све до 1217. Тада поново одлази у Свету Гору, можда поводом Стефановог крунисања латинском круном. У Никеји 1219. године добија чин архиепископа и статус аутокефалности за српску цркву. Организацију српске цркве извео је одмах по повратку из Никеје и Солуна, 1220, на саборима српске земље и цркве, потискујући грчке и латинске епископе и померајући границе источне сфере на запад; тиме је био омогућен и виши ступањ интеграције српског народа на основама источно-православне оријентације. Сукоб са охридском архиепископијом поводом добијања аутокефалности у Никеји, исте године, није добио тежину раскола; превазиђен је широком дипломатском акцијом светог Саве на међународном црквеном плану – на путовањима Савиним у Свету земљу и посетама источним патријаршијама (1229–30, 1234–35).

Организација цркве у Србији са припојеним подручјима постављена је на сасвим нове основе. Развијена је делатност великих манастира; старање о мисионарском раду стављено је у дужност протопоповима. Правно уређење српске цркве је конституисано зборником нове, самосталне Савине компилације, *Номоканоном* или *Крмчијом*; са овом кодификацијом византијског права Србија већ на почетку XIII века добија кодекс чврстога правног поретка и постаје правна држава, у коју је уграђено богато наслеђе грчко-римског права. свети Сава је на тај начин више но било чим другим учинио Србију земљом европске и медитеранске цивилизације.

Нарочити значај имало је Савино старање о православности цркве и народа у строго византијском, ортодоксном духу. Монаштво је усмерено светогорским путем. Старање о монаштву показује се као једна од главних Савиних преокупација на путовањима по Истоку 1229. и 1234. године. Већ за Немање, до 1196 (као године његове абдикације), подигнуто је доста манастира у долини Лима, Ибра, Топлице и Мораве: Св. Петра и Павла (Бијело Поље), Бистрица, Кончул, Ђурђеви Ступови, Студеница, Свети Никола код Куршумлије и Богородица Топличка. Међу овим манастирима било је и женских. Из ранијег периода наслеђени су такође неки манастири: Стара Павлица на Ибру, Свети Никола у Дабру и Свети Ђорђе у Дабру, Ариље и Градац Ибарски (Богородица Градачка). То значи да је монашка традиција у српским земљама постојала још у XI и XII веку, па и раније, и да је у тој традицији она база на којој се после развија српска аутокефалија. Исто тако, у овој значајној мрежи манастира треба гледати преноснике и расаднике оних монашких и књижевних традиција које из охридске области долазе у српске земље преко зоне трансмисије северно од линије Тетово – Скопље – Кратово, зоне у етничком погледу већ српске, у сфери старијих монашких култова пчињско-осоговског краја (Прохор Пчињски, Гаврило Лесновски, Јоаким Осоговски). На другој страни, Хиландар, ван српског политичког и етничког подручја, носилац је и покретач светосавске реформе и организације монаштва у Срба. Немањини синови подижу до 1243. године и нове манастире: Жича, Хвосно, Пећ; у овај последњи манастир биће премештено и седиште архиепископије после провале Монгола и првог спаљивања Жиче (1284). Осим тога, Будимља одн. Ђурђеви ступови у долини Лима, Морача, а у Приморју Врањина, Превлака (Арханђел) и Богородица Стонска. Сваки је овај манастир у мањој или већој мери преузео улогу књижевног, не само монашког средишта. У некима од њих морало је још од Савиних времена бити организованих скрипторија.

Свети Сава је умро 14. јануара 1235 (или 1236) године у Трнову (Бугарска), на повратку са другог ходочашћа у Свету земљу. Уочи тога путовања, 1234, повукао се са архиепископског престола у корист свог ученика Арсенија. Мошти Савине, сахрањене најпре у цркви Четрдесет мученика у Трнову, пренете су око 1237. године у Милешеву, задужбину краља Владислава (око 1234 – 1243); ту је одмах настао онај значајни култ светог Саве који ће трајати кроз средњи век и турско доба, и који неће бити ометен ни спаљивањем моштију Савиних 1594.

У Свету Гору је Сава отишао већ писмен и формиран на делима ранохришћанске, византијске и старословенске књижевности. Његови биографи истичу нарочиту заокупљеност Растка Немањиног књигом, и то свакако није само опште место житија. У његовој лектири, како се она може препознати у делима што их је за собом оставио, налазила су се не само јеванђеља, апостоли и паримејници, а поготову псалтир, него и духовно штиво пролога и патерика, *Лествица* Јована Синајског, беседе рановизантијских црквених отаца (пре свих – Јована Златоустог), као и црквеноправна литература бар у оној верзији *Закона судног* за коју се вели да ју је са византијске *Еклоге* превео још Методије Солунски уочи моравске мисије (863). Боравак у Светој Гори омогућио је Сави да прошири круг своје лектире оним књигама које су, природно, морале имати нарочиту улогу у животу светогорских монаха. Смисао за организовање манастирског и литургијског живота говори без двоумљења о Савином широком познавању литургијске и монашке књижевности у грчким типицима и нарочито великим химнографским зборницима какви су октоих, триод, минеј, где су већ доказани узори и непосредни књижевни извори оних текстова које је Сава написао. Ту су и разни молитвеници са акатистима и канонима, чији је утицај на Саву очигледан. Однос светог Саве према књижевности огледа се и у његовим манастирским уставима (типицима), где је читању књига и библиотеци дато важно место у духовном животу монаха, а можда још више – у саставу првих српских библиотека, које се бар донекле могу реконструисати, каква је библиотека манастира Хиландара, основана када и манастир, 1198. године.[2]

---

[2] Историјат хиландарске библиотеке: Д. Богдановић, *Каталог* I 18–43. Хронологија оснивања Хиландара: Ф. Баришић, *Хронолошки проблеми око године Немањине смрти*, Хиландарски зборник 2 (1971) 31–58. Уп. *Хиландар,* Београд 1978 (Д. Богдановић).

Прва су Савина дела посвећена испосничком и манастирском животу: *Карејски типик* и *Хиландарски типик*. По својој природи то су црквеноправна, строго узевши некњижевна дела, али су у њима дошли до изражаја неки моменти од посредног значаја за стварање атмосфере у којој су настајала Савина оригинална и у ужем смислу речи књижевна дела. Сем тога, и ту долазе до светла особине Савинога језика и стила, поготову у оним параграфима који су његова посебна интерпретација или његов самостални додатак.

Карејски типик[3] је у основи превод са некога стандардног грчког пустињачког, скитског типика. „Скит" је нарочити вид монашке испосничке насеобине, познате и развијене нарочито у хришћанском Египту током IV и V века; сама та реч је коптског порекла (шиит = широка равница) и назив је целе једне пустињске области у Египту где су се јавиле прве монашке испоснице и колоније пустињака. Како вели Лазар Мирковић, „по скитском уставу подвизавају се и Богу моле монаси усамљеници, који своје молитве врше у ћелији, а не у храму, док они монаси који живе заједнички у општежићу, врше своје молитве, заједничка богослужења у цркви по пуном уставу богослужења. За вршење скитске службе није потребан свештеник, и скитска служба је састављена из псалама, молитава и метанија. Из молитава, читања псалтира и поклона скићана развио се од IV столећа облик посебног, усамљеничког, скитског богослужења, скитског устава. За развитак скитских правила много је допринела Света Гора, где је цветало монашко усамљеништво, а где се јавио и овај све-

---

[3] Изд. В. Ћоровић, *Списи св. Саве* 5–13.

тогорски скитски Карејски устав св. Саве".[4] Тај скитски устав је постао образац српском пустињачком или еремитском монаштву и ван Свете Горе. Одликује се тиме што тежњу за усамљеношћу, за правим пустињаштвом, коригује удруживањем двојице или тројице монаха. По томе уставу, усамљеник се постаје не само по сопственој жељи него и одлуком читавога манастирског сабора, пошто се процене способности кандидата за тако строг монашки подвиг. Овај се, пак, састоји у скоро непрекидном посту и молитви, мада не и у апсолутној изолацији. Занимљиво је и веома карактеристично да српске испоснице у средњем веку нису биле строге великосхимничке и затворничке клаузуре. Овакве су се ћелије или „поснице" претварале редовно и у жаришта књижевног рада: Карејска и Студеничка, касније у XIV веку Дечанска у Белајама, Пећка у Ждрелу и друге. Сава је Карејску ћелију подигао у средишту Свете Горе одмах после подизања Хиландара, управо ради таквога условног и духовно плодног осамљивања. Црквицу у њој посветио је свом монашком патрону, преподобном Сави Јерусалимском (Освећеном). Повлачио се у ту ћелију више пута, а у Србији је по обрасцу те „исихастирије" подигао Студеничку испосницу. Типик или устав („уставац", како га још зове) Сава је написао за Карејску ћелију 1199. године.

Без обзира на то што је у питању литургијско-правни текст, он није лишен изворне топлине и поетичности, било да је у питању прожимање текста псаламским и апостолским стиховима или погребним песмама Јована

---

[4] Л. Мирковић, *Списи светога Саве* 16; упор. исти, *Скитски уставви св. Саве,* Браство 28 (1934) 52–67.

Дамаскина, било да је реч о изразима братскога обзира и љубави према подвижнику који ће живети у строгим условима ћелије.

Хиландарски типик[5], из исте године (1199), али после *Карејског,* намењен је Хиландару, а састављен као превод и адаптација уводног дела грчког *Евергетидског типика* из Цариграда. Цариградски манастир Свете Богородице „Евергетиде" (Добротворке) основао је још 1049. године неки Павле, Цариграђанин, на својој баштини, наслеђеном пустом имању ван зидова Цариграда. Манастир је унапредио тек Павлов ученик Тимотеј, који је подигао храм Богородици Добротворки и друге цркве у комплексу те обитељи, подигао и ћелије за становање монаха, опремио и украсио манастир; у другој половини XI века написао је и типик за свој манастир, касније допуњен и прерађен (средином XII века). Ту верзију *Евергетидског типика* имао је пред собом свети Сава када је редиговао типик за свој манастир Хиландар. Он је превео само неке делове; није узео тзв. синаксар, у коме је распоред и правило богослужења током године, већ само уводни део или „пролог", са прописима за устројство и живот манастира; па и ту није превео све главе, већ само неке (истина, већи део), додајући са своје стране нове и дркчије одредбе прилагођене потребама Хиландара. Лазар Мирковић поставља питање,

---

[5] Изд. В. Ћоровић, *Списи св. Саве* 14–150; видети и студије: Ф. Гранић, *Црквеноправне одредбе Хиландарског типика св. Саве о настојатељу и осталим манастирским функционерима,* Богословље 10 (1935) 171–188; исти, *Црквеноправне одредбе Хиландарског типика св. Саве,* Светосавски зборник 1, 65–128; исти, *Црквеноправне одредбе карејског и хиландарског типика светога Саве,* Прилози КЈИФ 16 (1936) 189–198; Л. Павловић, *Српске манастирске болнице у доба Немањића,* Зборник Православног богословског факултета 2 (Београд 1951) 555–566.

зашто је свети Сава превео баш пролог типика Евергетидског манастира за устројење реда и живота у Хиландару, и објашњава: „Немања је за свога бављења у Цариграду на неки начин дошао у везу са овим манастиром; Немања и Сава били су други ктитори овога манастира, јер су му давали многе прилоге и чинили доброчинства; Сава је овај манастир називао својим, на својим путовањима у Цариград свраћао је у овај манастир, и свакако му се свидео ред и начин живота у овом манастиру".[6] У сваком случају, то је у овој Савиној верзији први типик једнога великог српског општежића, по коме ће се управљати углавном и други српски манастири: са мањим прилагођавањем, Сава је исти типик прописао и манастиру Студеници 1208. године: то је *Студенички типик*.[7]

Хиландарски типик садржи прописе за духовни живот у манастиру и организацију разноврсних служби манастирске заједнице, општежића. Киновијски (општежитељни) манастири организовани су као чврста заједница духовног живота и материјалног привређивања, без личне својине и на принципу безусловне послушности и строге поделе рада. Манастиром управља игуман са широким овлашћењима, али у договору са сабором стараца. Свака функција је у манастиру „служба" и сваки рад „послушање", па ни власт игумана није могла да буде неограничена. Поред дужности да се о свему договара са старцима, игуман се морао ослањати и на друге манастирске функциоионере: економа,

---

[6] Л. Мирковић, *Списи светога Саве*.

[7] Изд. В. Ћоровић, *Списи св. Саве* 14–150 само у варијантама према Хиландарском типику. Посебно издање овог типика још К. Јиречек, ГСУД 40 (1874) 132–181. Студенички типик није посебно преведен: и Лазар Мирковић је преводио само варијанте, према Ћоровићевом издању.

еклисијарха, дохијара и др. Игумане већих манастира бираће потом краљ и архиепископ заједно, из чега проистиче не само висок друштвени углед овог звања него и статус монаштва и манастира у средњовековној Србији, какав је изградио свети Сава и организационо поставио својим типиком. Сви су монаси морали строго поштовати своја три завета – девичанства, сиромаштва и послушности. Међусобни односи су били под духовним и дисциплинарним надзором игумана односно духовника, при чему се нарочито настојало да се однегује дух љубави и помоћи. Старање о болеснима довело је и у српским манастирима до стварања првих правих, мада затворених болница.

Савина верзија типика за манастир Хиландар говори доста о његовом разумевању за посебне навике, обичаје и могућности Срба у средини светогорскога монаштва; има ту одступања од престрогих правила поста и богослужења, а упадљиво је истицање начела братске љубави у већој мери него што га има Савин евергетидски изворник. Стил којим је овај типик писан ни у грчкој верзији није сув и некњижеван, али у Савиној интерпретацији и нарочито у његовим додацима добија свежину даровите експресивности и обогаћеног језика. Нема никакве сумње да је у њему препознатљив писац *Житија светог Симеона;* више од тога, мора се помишљати на известан утицај овога текста на хиландарске ауторе XIII и XIV века (Доментијан, Теодосије, Данило и др.), али тај однос до сада није био предмет истраживања.

Црквеноправним делима припада у пуном смислу речи Савина кодификација номоканонског права, *Крм-*

чија.[8] То је зборник државних („грађанских") закона и црквених правила или канона, са тумачењима чувених византијских канониста, која су и сама била својеврсни извор права. Као и византијски номоканони, са тумачењима или без тумачења, и српска светосавска *Крмчија* је представљала капитални извор и споменик права; у средњовековној српској држави, то је извор првог реда као „божанско право"; тек после тога долази, на пример, законодавство српских владара укључујући и *Законик* цара Стефана Душана. Питање аутора српске Крмчије са тумачењима, међутим, до сада није дефинитивно решено, али је дилему: да ли је састављач и преводилац *Номоканона* свети Сава или је тај превод дело других, старијих и не српских словенских аутора – Сергије Троицки решавао веома категорично у прилог Савиног ауторства. Тиме, додуше, није до краја разјашњена Савина улога у састављању овог кодекса уколико је реч о томе ко је непосредно превео грчке текстове који су ушли у овај *Номоканон,* али нема разлога да се сумња у тезу да је *Крмчија* у својој коначној форми настала трудом светог Саве у Солуну 1220. године, на повратку из Никеје у Србију и ради организовања нове аутокефалне српске архиепископије. Савина је иницијатива и старање око израде ове компилације, а превод је вероватно дело разних аутора, и старијих и Сави савремених. Битно је, међутим, да је избор ове Крмчије јединствен: не-

---

[8] Крмчија није издата, осим неких делова по једном рукопису: Н. Дучић, *Крмчија Морачка,* ГСУД II/8 (1877) 34–134. Обимну библиографију даје I. Žužek, *Kortčaja kniga,* Roma 1964, а капиталну студију објављује С. Троицки, *Како треба издати светосавску крмчију (Номоканон са тумачењима),* Споменик 102 (1952). Преглед и расправа проблема, са новијом литературом: Д. Богдановић, *Крмчија светога Саве,* Сава Немањић – Свети Сава 91–99.

ма га у сачуваној грчкој рукописној традицији. Са своје стране, опет, избор је у црквенополитичком погледу веома карактеристичан, јер се супротставља у то време важећим погледима на односе цркве и државе у Византији и обнавља нека старија схватања, којима се инсистира на сувености божанског закона.

Литургичке прописе садржи УСТАВ ЗА ДРЖАЊЕ ПСАЛТИРА, који је Сава превео са грчког, или је и овде, као у случају номоканонског зборника, био само покретач и организатор па и надзорник превођења.[9]

Књижевности се потпуно приближило Савино ПИСМО ИГУМАНУ СПИРИДОНУ, упућено са једног од два Савина путовања у Свету земљу, вероватније са другог. То је прво дело епистоларног жанра које се сачувало у старој српској књижевности. „Са пуно осећаја и чежње према отаџбини у далеком свету и бриге за ствари у отаџбини, пише св. Сава ово писмо Спиридону, извештава га о себи и својој пратњи, како су се поболели на путу, како су се поклонили св. местима, куда намерава још да путује, и уз писмо шаље му дарове: крстић, појасац, убрусац и камичак. Крстић и појасац полагао је св. Сава на гроб Христов, и отуда ови дарови добијају већу вредност. Убрусац је можда св. Сава нашао у Јордану."[10]

Права се књижевна природа Савина открива, међутим, тек у његовим житијним и песничким саставима.

---

[9] Главно изд. В. Ћоровић, *Списи св. Саве* 199–202. Новије издање са расправом, у којој се подржава теза о Савином ауторству овога старосрпског превода Устава, са претпоставком да је Сава превео и читав псалтир: Б. Ст. Ангелов, *Из старата българска, руска и сръбска литература* III София 1978, 38–60.

[10] Изд. В. Ћоровић, *Списи св. Саве* 187–189. Навод је из уводне белешке Л. Мирковића, *Списи светога Саве* 20.

Сваки у свом жанру, они стоје на почецима развоја одговарајућих књижевних родова у осамостаљеној српској литератури.

У *Хиландарском типику* је Кратко житије светог Симеона Немање[11], оснивача (ктитора) манастира Хиландара, које се ограничило само на историјат Симеоновог доласка у Свету Гору и сажето казивање о његовој смрти. Текст је састављен одмах после смрти св. Симеона, 1199. или 1200. године. По своме жанру, ово кратко житије је само једна житијна белешка, којом се фиксира дан „спомена светог". Развијено житије свети Сава пише тек у уводу *Студеничког типика,* у Студеници 1208. године.[12] Житије светог Симеона писано је као ктиторско житије оснивача Студенице, по свим правилима овога жанра византијске књижевности. Житије је један од основних прозних жанрова у Византији назива се још и „хагиографија", животопис светога.[13] Развој овога жанра има своју занимљиву и сложену историју и специфичности, не само према категорији светога о чијем се животу и подвигу пише него чак и према националној житијној традицији, која се током времена стварала у појединим православним народима. То се мора имати у виду и приликом разматрања Савиног *Житија светог Симеона,* Читава житијна књижевност је без об-

---

[11] Изд. В. Ћоровић, *Списи св. Саве* 26–29.

[12] Изд. В. Ћоровић, *Списи св. Саве* 151–175.

[13] Ђ. Трифуновић. *Азбучник* 46–78. Биографским односно житијним жанром бави се Р. Маринковић, *О српској средњовековној биографској књижевности и о месту Григорија Цамблака у њој,* Књижевност и језик 18 (1971) бр. 3–4, стр. 1–17; иста, *Почеци формирања српске биографске књижевности. Повеље о оснивању манастира Хиландара,* Прилози КЈИФ 39 (1973) 3–19; иста, *Историја настанка Живота господина Симеона од светога Саве,* Сава Немањић – Свети Сава 201–213.

зира на своје регионалне или националне посебности у нечему ипак јединствена. Јединствена је у идеолошком погледу: свако житије служи стварању или ширењу култа одређеног лица, а овај култ је жива успомена на чињеницу једнога моралног преображаја, једне успешне реализације Христових заповести и јеванђелских идеала. Житије је стога нужна допуна и продужење *Библије*. Светац је доказ да се може живети и умрети хришћански, а уједно илустрација каквим духовним снагама и добрима располаже човек који је себе потпуно подвргао закону Христове вере. Житије саопштава одлике и врлине једне личности. Уколико је то сасвим одређена историјска личност, житије свој садржај гради на подацима историје или легенде о тој личности и може да служи као историјски извор првог реда. Уколико није у питању историјска личност, житије даје карактеристику једнога типа светости. И у једном и у другом случају оно је хагиолошки усмерено.

Овај идеолошки моменат је од битног значаја и за поетску структуру житијног жанра. Њу обележава известан метафизички историзам. Житије прати ток свечевог живота, посматрајући га у једном метафизичком аспекту, откривајући оно што је важно за оцртавање свечевог религиозног, „вечног" лика. Зато су биографски подаци са становишта жанра споредни, понекад и неважни. Када се и дају, они имају карактер општег места, као биографија типа више неголи биографија личности. О рођењу се говори само ако је оно обележено каквим знамењем потоњег свештаства; о детињству – само у његовим врлинама; о пореклу – ако је „од добра корена још бољи изданак"; похвала свечевог завичаја истиче, обично, хагиолошке традиције једне земље или роднога места свечевог, опет са циљем да се укаже на Божју благодет и божанско провиђење, и на то како ништа у овом животу, а поготову у ницању једнога светог човека, није случајно. Тај моменат провиденцијалности, божанске бриге и плана о светом човеку, битан је и за причу о школовању, браку, опредељењу за подвиг. Сам светачки живот и смрт, као и посмртна чудеса, треба да наведу читаоца на мисао да је Бог „славан у светима својим" (Пс. 67, 36). Међутим, у оквиру ове основне идеолошке структуре житије може да буде прилагођено конкретним личностима и околностима, а може да понесе и печат књижевних способности и даровитости свог писца. Отуда велике разлике и поред типолошких сличности у оквиру овог жанра.

Свако житије има своју култну, обредну функционалност, било у оквиру литургијског чина или у саставу монашке, манастирске обредности. Тиме се објашњава и унутрашња диференцираност овог жанра, где се као поджанрови издвајају, поред опширног („пространог") житија и кратког житија, још и пролошко житије, синаксар, стиховно житије, мученије или страданије и друго. Стога се и о жанру биографских текстова старе српске књижевности не може говорити ван аутентичног система средњовековних жанрова. Без обзира на све особености, које, видели смо, могу да формирају и својеврсни национални лик једне групе житија (то је управо случај са српским владарским житијима, српском „династичком историографијом" одн. „биографијом"), свака је српска „биографија" чврсто уклопљена у систем византијско-словенског житија и мора се посматрати у оквиру тог система. Типолошка разноликост житија, позната, уосталом, и у византијској књижевности, не противречи жанровској суштини житијног дела. Штавише, житије као жанр има важну особину, да није увек једноставан, основни или примаран жанр: често текст житија обухвата и неке друге књижевне облике и врсте. Као прозни жанр, на пример, оно може садржавати и делове који припадају каквоме песничком жанру (похвалу, песничко мољење, плач) или некоме другом прозном жанру као карактеристичном реторском облику (на пример, слово или беседу). Могућности комбиновања су у оквиру општег жанра житија веома велике, типологија житија је веома богата.

Овај поглед на опште одлике византијско-словенског жанра хагиографије чинио нам се неопходан као приступ *Житију светог Симеона* од светог Саве због извесне тежње у српској књижевној историографији, да се све српске биографије у извесној мери издвоје из житијног жанра, па чак и супротставе том жанру као нешто битно друкчије, и увек наводно световније, лаичкије. Не улазећи овде у расправу тог питања[14], мора се истаћи да Савино *Житије светог Симеона* није изузетак из жанра житија ни по форми ни по идејама и поетици текста. Усредсређен на монашки лик Симеонов, Сава је стварне биографске податке из живота Немањиног подредио идеји одрицања од престола, моћи и величине у овом свету ради небеског царства. Симеон је приказан као драматичан пример одрицања, основне јеванђелске поуке и темеља сваке, а поготову монашке духовности. Стога је и уобичајени реторски увод у Савином житијном

---

[14] Осим наведених радова Р. Маринковић, може се навести, као на свој начин „примењено" овакво схватање житија као биографије са елементима лаичког или профаног, управо писање М. Кашанина, *Српска књижевност у средњем веку*, Београд, 1975, 124–131, о жанру Савиног „Живота господина Симеона".

делу спојио елементе биографске предисторије (освајања, тековине Немање владара) са елементима реторичне похвале светоме, чија се величина гради на противречности самоодрицања. Тек за овом похвалом следи казивање о монашким подвизима Симеоновим и о његовој смрти. То је главни биографски део *Житија*, који се не завршава похвалом већ молитвом Савином. обележеном снажним поучним и проповедничким тоном.

Врлина је Савиног *Житија светог Симеона* непосредно и једноставно, одмерено причање без развијене реторичности, у коме се препознаје блиски сведок и пратилац, учесник у животним збивањима Симеона Немање, Немањин син. Опис Симеонове смрти, сав у смењивању слике и дијалога, уздржан и узбуђен у исти мах, спада у најлепше странице старе српске књижевности. „Биографију Немањину Сава је писао за монахе, не за световњаке", напомиње с правом Милан Кашанин. „Намењена братству манастира који је Немања основао и у коме је и сам живео у прво време када се замонашио, Немањина биографија, оваква како ју је његов син Сава саставио, непосредна је као усмена прича и интимна као дневник." Кашанин закључује да „ниједан наш стари животопис није тако мало свечан и тако мало реторичан, није тако срдачан и човечан као Немањин животопис који је саставио св. Сава".[15]

Житије светог Симеона има и своје књижевне изворе. Вероватно је да је Сава прави аутор Немањине оснивачке *Хиландарске повеље* из 1198. године[16]; „аутобиографски" елементи повеље имали су своје место и у генези Савиног житија. Још важнију и непосреднију

---

[15] М. Кашанин, *Срп. књиж. у средњем веку* 128.

[16] Изд. В. Ђоровђ, *Списи св. Саве* 1–4.

улогу одиграла је друга ХИЛАНДАРСКА ПОВЕЉА, Стефана Немањића из 1200–02. године, чију је композиционо--биографску и реторску схему Сава искористио за конструкцију свога житија.[17] Стефан је у аренги и нарацији ове повеље, чији је оригинал и данас у Хиландару, изложио живот првога хиландарског ктитора, св. Симеона, у историјском и алегоријском светлу, на изузетно песнички начин. У првом плану су светогорски дани св. Симеона. Мотив раја, који је развијен у Стефановој повељи, надахнуо је потом и многа дела старе српске уметности[18], а открива духовну стварност Свете Горе не само у визији свог аутора и издавача него и Саве. Стваралачка улога повеља, њихових уводних делова (аренге) и нарације, у настанку владарских житија, специфичност је српске хагиографије.[19] Повеља се, наиме, као документ правног карактера одликовала неким посебним књижевним елементима управо у свом уводном делу. Ту се крију, у ствари, два жанра. Ближи је посланију, а са врло много исповедништва и аутобиографије онај део повеље који се зове нарација (експозиција). Аутобиографска казивања издавача повеље, најчешће владара, могла су да буду саопштена у виду изванредних поетских слика, као на пример у већ поменутој Стефановој повељи Хи-

---

[17] Издање текста са расправом А. Соловјев, *Хиландарска йовеља великоī жуйана Сйефана (Првовенчаноī) из īодине 1200–1202*, Прилози КЈИФ 5 (1925) 62–89. Уп. Ф. Баришић, *Хронолошки йроблеми* 31–58. Улогу ове повеље, као и претходне, у настанку Савиног житија разматра Р. Маринковић у наведеним радовима (вид. нап. 13).

[18] С. Радојчић, *Хиландарска йовеља Сйефана Првовенчаноī и мойив раја у срйском минијайурном сликарсйву*, Хиландарски зборник 1 (1966) 41–50.

[19] S. Hafner, *Studien zur altserbischen dynastischen Historiographie*, München 1964. О аренгама вид. С. Станојевић, *Сйудије* V 192–229.

ландару или знатно касније у повељи Стефана Лазаревића Хиландару из 1404–05. Међутим, за стару српску књижевност важније су аренге. Аренга је увод повеље, нимало правног садржаја, већ посебан књижевни жанр, у коме долази до изражаја духовна, идеолошка мотивација (и само утолико правна заснованост) повеље, обликована у поетском духу. Оно по чему се стара српска аренга разликује од аренге у византијским повељама, већи је утицај псалтира на стил аренге, зато и присуство многих песничких елемената, тропа и симбола. Стваралачка улога повеља се дâ објаснити јединством мотивације и идеја: српске повеље и владарска житија обједињени су на једном дубљем плану идентичношћу владарске идеологије: владар је у својој провиденцијалној улози оправдан тек посвећењем, тек потпуним подређивањем божанској вољи. Божанску харизму на себи владар доказује одговарајућим, „богодоличним" понашањем, богоугодним делима и послушношћу цркви, а највише способношћу да се одрекне свега и да се посвети духовним подвизима, у којима се испољава његова права, „бесмртна" моћ. Отуда природно место повеља у генези житијног жанра у Срба када је реч о владарској биографији, упоређеној, понекад, и са старим руским „кнежевским житијима", у којима је такође доста посебних одлика.

Смисао Савиног житијног стварања потврђује се и допуњује *Службом светом Симеону*[20], изразито култним, литургијским саставом, који се сасвим подређује

---

[20] Изд. В. Ћоровић, *Списи св. Саве* 176–186; прев. у целости Л. Мирковић, *Списи светога Саве* 137–147, а делимично Д. Богдановић, *Србљак* I 7–31. О изворима Службе вид Ђ. Радојичић, *Књижевна збивања* 53–60; Ђ. Трифуновић, *О Србљаку* 271–272.

поетским законима сложеног византијског жанра аколутије, састављеног од стихира, тропара, канона, кондака, икоса и других песничких облика у утврђеном литургијском поретку. Служба (ἀκολουθία) је главни и по природи веома сложен жанр литургијског песништва у Византији и међу православним Словенима. Тако се назива једна књижевно-литургијска целина, која представља песнички жанр сложен из већег броја литургијских песама, молитава и обредних структура у строго утврђеном поретку и ритму. Основа службе је колективни ритуал; она је литургички феномен, а у исто време књижевна целина. Њом влада тзв. „латреутички" моменат, моменат „служења[1] Богу или светоме, а служење је одавање достојне поште и прослављање онога који је предмет култа. То, дакле, није проста „глорификација", како се понекад каже, већ вишеслојан и вишезначан вид испољавања религиозног осећања. У религиозном смислу говори се после овога о једном још суптилнијем моменту, харизматичком или благодатном моменту, који према теолошком тумачењу представља остваривање односа између божанског и људског у акту служења, и то дејством самог Бога, изливањем његове милости на људе. Објективно, и једно и друго, заједно са трећим, дидактичким или поучним моментом, чини комплексан религиозни израз којим се потврђује припадност једној заједници идеје и живота, њено видљиво обележје.[21]

Савино химнографско дело, стога, не може се разумети како треба без уважавања ових околности не само формалног него још више од тога семиотичког каракте-

---

[21] Л. Мирковић, *Православна литургика или наука о богослужењу православне источне цркве* I, Београд 1965², 8–12.

ра. Његова значења и читава књижевна структура леже у моделу византијске службе. А ту је заступљен безмало сав репертоар жанрова литургијског песништва. Служба се стварала током дугог времена од више столећа, а наставља се на традицију старе хришћанске литургије односно организованог молитвеног окупљања са читањем из *Светог писма*, молитвама и певањем. Она се развија поступно, акумулацијом и одбиром текстова, много више него простом заменом једне структуре другом. Првобитну јеврејско-хришћанску и монашку структуру богослужења, која се изградила углавном око класичне јеврејске псалмодије, уграђивале су се нове творевине, нове молитве и песме, тако да је грађевина расла и читаво богослужење добијало у својој сложености и обиму. Првобитно језгро, текст псалама и библијских ода, са читањима из *Светог писма* и обавезним молитвама и беседом, остали су и даље окосница богослужења, али попуњена и понекад управо претрпана новим текстовима, песмама и молитвама нових црквених песника. Према својој обредној функцији, служба може да припада одређеним циклусима или круговима црквеног ритуала, по календарском реду за покретне и непокретне празнике. Она може да буде и пригодна. У сваком случају, најчешће је везана за култ светога или празника, и тада се компонује од текстова из разних литургијских књига по строго утврђеном правилу, изложеном опет у књизи, која се зове типик.

Међу примарним песничким жанровима из којих се састоји сложени жанр службе, па и састав *Службе светом Симеону*, издвајају се три основна: тропар, стихира и кондак. Тропар је краћа црквена песма, од неколико стихова или колона, чији назив упућује на певање (ἦχος, модус певања). Црквено песништво је намењено певању, оно се поје, па су и облици црквених песама, њихова поетска структура, подређени тој својој функцији. У начелу, песма је и мелодијски организована тако да се њени стихови или колони (ритамски низови) јављају у исто време и као мелодијски одсеци.[22] Тада се писана песма пева по утврђеној мелодији, чија је симболична ознака дата уз сваку песму („глас"). Тропар је жанр који се одликује похвалним, прослaвним карактером: у њему се прославља празник или спомен светога. Разликује се, према теми и литургијском месту или функцији, читав низ поджанрова тропара (васкрсни, отпусни, богородични итд.). Стихира је строго везана за друге текстове, у начелу за стихове из псалама; не разликује се од тропара, осим по томе свом контексту, по нешто већем обиму (мада не увек) и по другој мелодијској формули. Ни стихира није једноставан жанр; поджанрови стихире су подобни, самоподобни, самогласни и др. Кондак је првобитно велика и сложена песма, сиријског порекла, а сада по једна мања строфа, повезана са другим жанром – икосом, који је песничко-реторска варијација на тему кондака, а овај химнично прославља свеца или догађај. Кондак са икосом гради сложену песничку структуру акатиста, док се тропари са ирмосом на теме из девет или осам библијских песама (ода) слажу у комплекс канона (почев од VIII века). У основи библијских ода лежи провиденцијална и месијанска идеја. Отуда је основна тема сваког канона спасење, остварено у светости онога који се прославља службом или у догађају самога искупљења Христом.

---

[22] Д. Стефановић, *Појање старе српске духовне поезије, О Србљаку* 129–140

Савина *Служба светом Симеону* припада по свим својим особинама томе византијском песничком жанру и има све главне елементе те развијене структуре. У целини служи литургијском култу (не простој „глорификацији") св. Симеона. Карактеристичан је и један посебни књижевни извор и узор Савине службе: то је минејска *Служба светом Симеону Ступнику* (1. септембра). Неке вечерње стихире су преузете и прилагођене за службу Симеону Српском, вероватно због хагиолошког типа коме припадају обојица Симеона, преподобних подвижника на вишем ступњу одрицања и „великог анђелског лика". Али су то ипак и два диференцирана типа, па није случајно што је подударност само у малом, најмањем делу служби. Све остало је у Савиној служби оригинално, разуме се у оном смислу у коме се уопште може говорити о оригиналности у средњовековном византијско-словенском песништву: као изворно надахнуће и осећање, и отуда проширивање и обогаћивање већ утврђеног, стандардног репертоара стилских израза и облика на српскословенском језику.

Не зна се тачно када је *Служба* састављена. Ако је тачно казивање Доментијана, Сава је ову службу саставио делимично још у Хиландару 1200. године, о првом годишњем помену светога. То би били „канони и стихире"; вероватно само неки елементи за канон и вечерњу службу. С обзиром на „студеничке" мотиве, мора се ипак помишљати на то да је она коначно састављена тек по повратку Савином у Студеницу око 1207. године. У сваком случају, *Служба светом Симеону* је прво српско књижевно дело овог жанра. Њоме започиње низ литургијских целина у којима је мотивисан и формиран култ светих владара династије Немањића и светитеља српске аутокефалне цркве. Та служба, по свима својим поетским обележјима у византијској традицији, прави је почетак српског песништва, у коме ће се богатом топиком и стилом византијске химнографије однеговати сопствени песнички језик српске литературе средњег века.

Димитрије Богдановић

СВЕТИ САВА
САБРАНИ СПИСИ

ХИЛАНДАРСКА ПОВЕЉА СИМЕОНА НЕМАЊЕ

Искони створи Бог небо и земљу и људе на њој, и благослови их и даде им власт над свим створењем својим. И једне постави цареве, друге кнезове, друге господаре, и свакоме даде пасти стадо своје и чувати га од свакога зла које наилази на њ. Зато, браћо, Бог премилостиви утврди Грке царевима, а Угре краљевима, и сваки народ раздели, и закон даде и нарави установи, и господаре над њима, но обичају и по закону распоредивши својом премудрошћу.

Стога по многој својој и неизмерној милости и човекољубљу дарова нашим прадедовима и нашим дедовима да владају овом земљом српском, и Бог свакојако управљаше на боље људима, не хотећи човечје погибли, и постави ме великога жупана, нареченога у светом крштењу Стефана Немању. И обнових своју дедовину и већма утврдих Божјом помоћу и својом мудрошћу, даном ми од Бога, и подигох пропалу своју дедовину и придобих: од морске земље Зету и са градовима, а од Арбанаса Пилот, а од грчке земље Лаб са Липљаном, Дубочицу, Реке, Загрлату, Левче, Белицу, Лепеницу. И Божјом помоћу и својим трудом то све придобивши, поспешењем Божјим, пошто је моја владавина одасвуд примила мир и тишину, почех подстицати мисао своју и поучавати ум свој да желим и да се бринем за душу своју, у који ћу број бити убројан у дан страшнога суда, и како би ми било могуће примити анђелски и апостолски образ, и последовати Владичиним речима: „Узмите јарам мој на се и научите се од мене, јер сам кротак и смеран срцем; јарам је мој благ и бреме моје је лако."[1]

Када је прошло много времена, Владика мој премилостиви не превиде мољења створења свога, но као штедри трудоположник и наградитељ, који рече пречистим својим устима: „Не дођох призвати праведника, но грешнике на покајање"[2], и пошто ми се по милосрђу његову изненада указало погодно време, и све овога света, част и слава дође ми као ништа, и сва красота овога живота и диван изглед, показа ми се као дим, а Христова љубав све више се везиваше за мене, макар и недостојног, ја одмах оставих владавину моју и све моје, различно моје, пошто се тако изволело Христу и пресветој Госпођи Богородици. И удостоји мене грешнога свога јарма благога и сатвори ме заједничара часног и анђелског и апостолског образа малога и великога. Када се ово свршило са мном, пошто се овако устројило, оставих на престолу мојем и у Христом дарованој ми владавини љубљенога ми сина Стефана, великога жупана и севастократора, зета Богом венчанога кир Алексија, цара грчкога. И макар и недостојан да се наречем слуга Христов Симеон монах, благослових га сваким благословом, као што благослови Исак Јакова сина својега, да он напредује у сваком делу добром у владавини својој, и да буде добросрдан према крстијанском свету, и да се брине за цркве и за оне који служе у њима, и да не буде никако зазоран од Творца свих и Господа.

А после овога, вољом Владике мога Исуса Христа, као што објављује Писмо: „Ниједан пророк није примљен у своме отачаству"[3], поче се подизати мисао моја да напустим познате моје и децу и нађем неко место, и да ту добијем спасење. И не остави мене Владика мој, ни моје жеље, јер се још више радује због грешника који се каје.[4] Изиђох из отачаства свога у Свету Гору, и нађох манастир некада бивши, звани Хиландар, Ваведење свете и преславне Владичице наше Богородице, где не беше камен остао на камену, но сасвим разваљен. И потрудивши старост своју, уз помоћ сина ми великога жупана Стефана, удостоји ме Владика мој да му будем ктитор. И делове његове уништене потражих и обнових га по вољи Владичице Богородице, и пошто испросих парике од цара у Призрену, дадох од њих манастиру у Светој Гори Светој Богородици у Милејама: села Непробишта, Момушу, Сламодрави, Ретивљу, Трње, Ретивштица, Трновац, Хоча и друга Хоча и трг ту, и два винограда ту насадих; и 4 пчелињака: један у Трпезама, други у Дабшору, трећи у Голишеву, четврти у Парицима, а за сваким пчелињаком по два човека; и планину Богачу; а од Влаха, Радово судство и Ђурђево, а свега Влаха 170. И дадох од стоке што сам могао, и у Зети кобиле и соли 30 мерица. И ако ко од манастирских људи или Влаха побегне код великога жупана или код кога другог, да се опет враћају; ако ли од жупанових људи дођу у манастирске људе, да се опет враћају. И све што дадох манастиру у Свету Гору, да не треба ни моме детету, ни моме унучету, ни моме рођеноме, ни коме другоме. Ако ли ко ово измени, да му Бог суди и да му је света Богородица супарница на страшном суду оном и ја грешник Симеон.

† *Крст Симеонов и потписаније*

КАРЕЈСКИ ТИПИК 1199

„Почетак је мудрости страх Господњи, разума су добра сви што тако творе."[1] Као што каже велики апостол Павле:

„Што око не виде, ни ухо не чу,
нити на срце човеку не дође,
уготова Бог онима који га љубе."[2]

И зато, слушајући ово, сваки који хоће да се спасе треба да се подвизава, да иде уским и тесним путем.[3] Јер пут је кратак, браћо моја љубљена, којим ходимо. Дим је живот наш, пара, земља и прах; за мало се јавља и брзо нестаје. Мали је труд живота нашег, а велико и бесконачно добро као награда.

Стога и ја, од свих последњи и грешнији, свагда слаб и тром за подвизавање духовно, дошавши у Свету Гору нађох богоизабрана светила где на разне начине хитају на подвиг духовни. Те и ја, укрепивши своју немоћ, потрудих се колико ми снага дозвољаваше, подигох манастир свети, дом пресвете Владичице наше Богородице, Приснодеве Марије, светога општежитија, и ћелије им довољне у Карејама, где да пребивају игуман и сва братија када долазе.

Потом, опет, подигох и овде у Ораховици место за тиховање, светог и преподобног оца нашег Саве, за стан двојици или тројици, по речи Господњој: „Где су двоје или троје сабрани у име моје, ту сам ја међу њима."⁴ Зато ову заповест дајем, сви да знају: ни прот нема власти над том ћелијом, ни игуман светога нашег манастира, нити ко други од братије да не узнемирава онога који живи у овој ћелији светог Саве. И што се налази у тој ћелији, било вино, било воће, да не узима наш манастир ништа од тога, нити игуман другима да не даје, већ напротив, да се ту даје из нашег манастира, ради спомена, свећа светом Сави, уља 60 литара.

А о свему другоме на вољу остављам игуману и свој братији; ако чиме буду могли да помогну брату који живи у ћелији овој, верујем у Бога да вам неће недостати прегршт брашна ни чанак уља, ако и моју, макар и грешну молитву, хоћете да имате у помоћ себи. Јер онај кога ја оставим после смрти своје у тој ћелији, он да пребива до краја живота својега незамењен ни од кога.

Потом, пак, дајем овакво правило да се примењује; да се скупе игуман светога тога манастира и сва братија, и да бирају мужа богобојажљива, који је подобан да живи у ћелији у месту том. Или ако буде ко – као игуман, или неко други од оних што су служили у месту томе светоме, да се шаље у то место, и он сваку слободу и власт да има над том ћелијом, као што и горе писасмо. А манастир, ни игуман, да нема никоје власти над ћелијом том. Нити, пак, за мито да се не поставља неко у ћелији тој, недостојан правила духовног.

Овај, пак, устав прописујем у ћелији тој, да држи који хоће да живи у њој. Понедељком, и средом, и петком – нити уља једи, нити вина пиј; а у уторак и у четвртак – уље једи и вино пиј. И у свих ових пет дана једанпут дневно да једеш. У суботу, пак, и у недељу – рибе, и сир, и све друго; и двапут дневно једе се.

А у пост велики, суботом и недељом једи уље и вина кушај; а у друге дане – ни вина, ни уља.

А за пост Рођења Христова – као и у друге дане што прописасмо, нека и тада буде исто.

А у пост светих апостола, да једе исто као и у друге дане обичне што прописасмо.

У појању да се држи овакав устав: јутрења и вечерња – као што је обичај, на јутрењи преко целе године да се поју по 3 катизме псалтира, а на вечерњи „Ка Господу, када" без тропара.

Часове појемо разно. Први час са јутрењом без псалтира. На трећем часу, и на шестом и на деветом, певамо по 3 катизме псалтира, са метанијама, као што имамо обичај. На сваком почетку, на „Приђите, поклонимо се", по 3 метаније. И опет, кад се заврши псалам и каже „Алилуја", по 3 метаније. Било на вечерњи, било на метимону, било за време читања псалтира, било на часовима, било на полуноћницама, на свакој служби кад се служи крај, тамо где се каже „Боже, буди милосрдан према нама и благослови нас" – по 12 метанија.

А полуноћница се поје у цркви са „Блаженима", и три катизме, и канон Богородици. А што остане од псалтира, то изговори било дању, било ноћу, само да се испева псалтир за дан и ноћ.

У суботу увече бива, по нашем обичају, агрипнија. А ово појемо на агрипнији: пошто се каже „Трисвето" и „Помилуј ме, Боже", потом појемо канон агрипније. И потом се чита једна глава тетрајеванђеља. Ако ли буде немогуће, да преполови. И потом се почиње служба јутрење. Отпојавши после Шестопсалмија „Бог Господ", а онда отпојавши 3 катизме, и четврту катизму „Блажени" са припевом „Анђела сабор"; потом седилне, потом чтеније, и после овог степена, „Све што дише", јеванђеље, по јеванђељу „Васкрсење Христово" и потом „Помилуј ме, Боже" и песме заједно да поје сам. И потом канон васкрсни, као што имамо обичај, и светом – ако имаш. И потом се завршава, како је и ред.

О светим и божаственим литургијама: према могућности да се служе.

А у Господње велике празнике треба да пазимо на појање и бденије ноћно, сећајући се речи која вели: „Бдите и молите се, да не паднете у напаст; јер дух је бодар, а тело немоћно."[5] Због тога бдите, јер ћете у плоду труда својег уживати ако то извршите, и бићете блажени.

Овај, дакле, устав појања и јела написасмо. Молим и захтевам да буде непромењив, сем ако у болест падне; тада, колико снага може.

О пићу и о јелу: ако се догоди да ти неко драг дође на утеху, нека се тада наруши пост – осим среде и петка.

О слободи места тога: заклињем Господом нашим Исусом Христом и пресветом његовом Матером, као што писасмо овде да не буде потворено. Ако ли ко ово промени, и буде узнемиравао онога који живи у месту овом, или буде што узео што је у месту овом, или од књига, или од икона, или друго, што год буде у месту том, нека буде проклет и завезан од Свете и Животворне Тројице, Оца и Сина и Светога Духа, и од мене грешног. И да не буде опроштен ни у овоме веку ни у будућем. Због тога писах и потписах овај свој рукопис, 6707 (=1199) године.

Од свих последњи, Сава грешни.

ХИЛАНДАРСКИ ТИПИК

Писмени указ живота у манастиру Пресвете Богородице Наставнице, што сам га ја грешни и смерни монах Сава предао вама, у Господу Возљубљена чеда и браћо

Оче, благослови!

Прекрасно је, и Богу угодно и упућено на вашу не малу корист, у Господу Исусу Христу браћо моја љубљена и чеда духовна: пошто многи почеше повести писати о познатим овима стварима, догоди се и мени најхуђем од свију, а уз то и грешном, да вам испишем по реду[1], као онај који болује и жели да ви примите, љубимци моји, установљени вам устав овај богопреданих служби и умиљенија и молитава и покорења и трпљења, којима ћемо Господа учинити себи милостивим. Богоносни и преподобни и преблажени оци наши, свемиру светила, земаљски анђели, небески људи, испрва од предања Светога Духа научивши да живе као монаси и отуда благодаћу Божјом бивши просвећени, и Христа уселивши у прекрасне душе своје, због чиста живота свога, показаше победу против ђавола, и његовим многим искушењима распаљивани, и одолевши му, већма од злата сијају и јасније од снега убелише се, и мисаона крила од невештаствена злата уперивши на небеса, узлетеше као небопарни орли, указавши пут нама који хоћемо да идемо за њима и који желимо да течемо ка ономе који је рекао: „Ко је жедан нека дође к мени и нека пије"[2] „од источника живота мога"[3]; и који је опет рекао: ‚Ко љуби оца или матер више него мене, није мене достојан. Ко љуби жену или децу или њиве или имања више него мене, није мене достојан."[4] Ово слушајући треба све остављати и за његовим заповестима ићи, „узимајући крст и последујући Христу и делом учити како се презиру телесне ствари, а како се брине за дело духовно, бесмртно. Ово је дело бесмртно".[5] Они који га траже, иду за оним који је рекао: „Ходите к мени сви који се трудите и ја ћу вам дати мир, и узмите на се мој јарам, и научите се од мене, јер сам кротак и смеран срцем, и узмите образ мој на себе, јер јарам мој је благ и бреме је моје лако."[6] И опет, називајући блаженима смерне духом и њима обећа да ће видети лице његово, а гладнима и жеднима обећа да ће се наситити, а онима који плачу обећа утеху бесконачну.[7] Желећи ова обећања, за слатким и добрим пастирем и учитељем Христом идући, страдају њега ради и многе муке трпе, да савршене венце приме на небесима, распињући се живи, одбацујући своје воље, кољући себе ножем драговољним ономе који се заклао ради нас, оставивши све што је у свету, говорећи један другоме: „Ко воли свет и што је у свету, непријатељем Божјим назива се, јер свет овај пролази, а онај који чини вољу Божју остаје на векове."[8] Зато и ја грешни и лени и последњи од свију монах Сава, молим се припадајући, вапијем говорећи: У Христу љубљена и духовна браћо моја и оци, уподобимо се прекрасним овим купцима који купише себи ову предивну куповину, јер ово своје имање дадоше и купише једини бесцени бисер Христа.[9] Поревнујте мудрим девојкама које напунише уљем своје светилнике и готове изиђоше своме женику у радост.¹⁰ Чувајте себе, о, љубимци моји, јер се бојим и трептим и страх ме држи, да не остане неко од вас ван двери као и пет девојака, и да не чујемо страшни и грдни онај одговор: „Идите од мене, не знам вас ко сте!"¹¹ Бојећи се овога одговора, а желећи да чујемо онај прекрасни глас: „Ходите благословени Оца мога, уђите у радост Господа свога"¹², понизимо себе овде, да се тамо узнесемо¹³, плачимо овде да се тамо утешимо, гладујмо и будимо жедни овде, да се тамо наситимо¹⁴, будимо скрушени овде, да милостива Бога тамо нађемо. Ако и дође скрб на нас, „сваку радост имајте, браћо моја, или када упадате у различне напасти, знајте да кушање ваше вере гради трпљење, а трпљење нека има савршено дело"¹⁵. „Јер блажен је човек који претрпи напаст, јер ће, пошто је искушан, примити венац живота, који је Бог спремио онима који га љубе."¹⁶ Јер изрече: „Који претрпи до краја, биће спасен."¹⁷ „Не варајте се, браћо моја"¹⁸, када неки говоре од вас: да ако дела не чиним, но верујем у Бога и спашћу се, јер и беси верују у Бога"¹⁹; „јер вера чиста и неоскврњена од Бога Оца је".²⁰ „Да разумете да је вера без дела мртва. Авраам, отац наш, не оправда ли се делима узневши Исака сина свога на жртвеник? Видиш ли да је вера помогла његовим делима и кроз дела саврши се вера. И испунише се књиге које кажу: Поверова Авраам Богу и урачуна му се у правду и другом Божјим назва се. Видите ли, дакле, да се човек оправда делима, а не самом вером?"²¹ „Јер ово што чух рекох вам, да и ви заједницу имате, а заједница је наша са Оцем и Сином његовим Исусом Христом. И ево пишем вам, да радост ваша буде потпуна. И ово је глас који чух од њега и јављам вам, да је Бог светлост и таме у њему нема. Ако кажем да имамо заједницу с њим, а у тами ходимо, лажемо и не творимо истине; ако ли у светлости његовој ходимо и заповести његове чувамо, јер је и сам светлост, имамо заједницу са њиме и крв Исуса Христа Сина његова очишћава нас од свакога греха."[22] „По томе смо познали љубав, што он душу своју за нас положи, и ми смо дужни за браћу душу полагати."[23] „Ако заповести његове држимо и чинимо што је угодно пред њим; ово је заповест његова, да верујемо у Сина његова Исуса Христа и да љубимо један другога. И који држи заповести његове, у њему остаје, и он у њему."[24] „Јер у љубави нема страха, пошто савршена љубав изгони страх, а ко се боји није савршен у љубави. Ми љубимо њега, јер је он прво љубио нас. Ако ко каже: Ја љубим Бога, а брата свога мрзи, лажа је. Јер који не љуби брата свога кога види, Бога, кога није видео, како може љубити? И ову заповест имамо од њега, да који љуби Бога, да љуби и брата свога. И сваки који верује да је Исус Син Божји, од Бога је рођен, и сваки који љуби родитеља, љуби и рођенога од њега. По томе разумевамо да љубимо децу Божју, када Бога љубимо и заповеди његове сачувамо. Јер заповести његове нису тешке, јер сваки који се рађа од Бога, побеђује цео свет и ово је победа која побеђује цео свет"[25]: вера, нада, кротост, трпљење, пост, мољење топло са сузама, а највише над свим овим анђелска лепота, смерноумно послушање и љубав, ради које сиђе к нама Син Божји, а ка овоме додајући и незлобивост. „Не бивајте деца умом, него у односу на зло будите деца, а умом будите савршени"[26], и верујем у Сина Божјега наћи ћете живот вечни и овде неоскудну храну, ако сачувате ово што сам заповедио и проповедао ја смерни. Јер ово је истинити Бог и живот свима, и ако што узмолите од њега, услишиће вас.[27] Дечице моја, пазите се и чувајте се од зла, да неко не остане изван дворнице! Ако ли је ко, браћо, лен као и ја, обличавајући своју прекорну немоћ и јадну леност и тешкоћу сна, ипак, прени се, о, љубљени, и замисли дарове које је обећао Господ да ће даровати онима који га љубе и онима који се труде њега ради; јер рече божаствени апостол: „Што око не виде и ухо не чу, и на срце човеку не узиђоше, уготови Бог онима који га љубе."[28] „Јер тамо желе и анђели да погледају"[29], и опет рече: „Није слична слава овога света слави будућега века."[30] Тако исто и муке овога света нису ништа према онима, јер дршће од њих, каже, и сам сотона.[31] А знај, љубимче, да онима који су пострадали припада част и слава, а ленима и непотребнима после телесног упокојења вечна мука. Све ово расмотривши, у Господу укрепивши се, крепко станите против лености, одбацивши сваку гордост, сувишак злобе. У кротости примите ову реч која може спасти душе ваше. Будите творци речи, а не само читаоци, помишљајући у себи, да који слуша речи и не чини што је заповеђено њима, такав је сличан човеку који гледа лице своје у зрцалу: јер позна се, и отиде, и одмах заборави какав је био. А који је проникнуо у савршени закон слободе, оставши у њему, овај неће бити заборван слушалац, него је творац дела, блажен је тај.[32] Јер како треба ви да чините, написао сам вам, да положите као неко мерило и образац, не само вама него и онима који после вас остају у овом животу. Што требате за душу и тело, указано вам је, а у овај устав погледајући имаћете са Богом помоћника и пречисту његову Матер, и моју иако грешну молитву, да без варке исправљајући се пређете ваше живљење. Останите у подвизима ка добру. Ни на десно, ни на лево, него по сили, колико ко има снаге, царским путем теците, сетивши се што јесте.[33] Трудове плодова својих јешћеш. Блажен си, добро ће ти бити!

Журећи се кроз уска врата и тескобним путем који води у живот вечни[34], један другога љубећи, један другоме покоравајући се, један другога теготе носите[34а], покоравајте себе јединомислено вашем старешини игуману. А молим вас, браћо моја, именом Господа нашега Исуса Христа да држите ово заповеђено вам, и да не буду распре међу вама, но да сте савршени у тој мисли и вољи[35], купујући себи куповину као и прекрасни трговци[36], помињући у преподобним вашим молитвама богопочившега оца нашега и наставника Симеона монаха, не заборављајући ни моје недостојанство. Ово чинећи, истину говорим, у Христу вам сведочим да ћете се наћи непостидни на страшном суду, и примити вечна добра. „Благодат и мир Господа и Бога Спаса нашега Исуса Христа, и љубав Бога и Оца, и заједница Светога Духа нека буде свагда на векове са свима вама, амин!"[37]

Слово 2.

КАКО СУ НАСЛЕДИЛИ ОВАЈ СВЕТИ МАНАСТИР ПРЕПОДОБНИ ОТАЦ НАШ СИМЕОН И САВА СМЕРНИ

Оче, благослови!

Овај наш свети манастир, као што знате, опустело беше ово место од безбожних разбојника. А када је к мони дошао триблажени наставник, отац наш Симеон монах (а ово место не може се упоредити ни са једним на земљи), због тежње према врлини, и њу тражаше ватрено, хотећи да прими наш монашки лик. Рањен врелом љубављу према овом и божаственим покренут Духом, чувши преслатки глас који говори: „Ко не остави све и за мном не иде, није мене достојан"[38], царство свога отачества оставивши и све што је на земљи, и побегавши из света који заробљава душу, дође у ову пустињу месеца новембра у 2. дан у години 6706 (1197). И хтеде он блажени, да као што тамо оправда своје царство, тако и овде. Зажелевши да за вас нађе вама место спасења, измоли у цара ово пусто место и узе мене грешнога из Ватопеда, и настанивши се на овом месту и оставши неко мало време са мном, а велики и натприродни подвиг прешавши, 8 месеци у томе, пређе у вечно блаженство.

Слово 3.

О ВРЕМЕНОЈ СМРТИ ПРЕПОДОБНОГ ОЦА СИМЕОНА МОНАХА

Године 6708 (1200) месеца фебруара 13. дан, у вечно пређе блаженство отац наш Симеон, заветом оставивши манастир овај на мени. Велику тугу и бојазан примих, прво због пустоши, а друго из страха од безбожних разбојника. Оставивши мени манастир у малом и смерном начину, у којем ми отиде, и првога игумана преподобног мужа Методија са још деветорицом монаха; но како се изволи љубави Наставнице и његовим светим молитвама, како се од незнатног и малог узнесе велелепна појава, па и овај храм Богоматере и Наставнице, Госпође наше, сазда се од самог основа, а књиге приложисмо, такође и свете сасуде и божаствене иконе, а уз то и свете ризе и завесе, и укратко сваку красоту. И опет приложисмо што је могуће братији на телесну потребу, о чему они који хоће могу најјасније сазнати погледавши у хрисовуљу. А ми држећи се предмета, обратићемо пажњу ка наставку. Но ти, Боже и Господе свега и о, Мати Господа и Бога и Спаса нашега Исуса Христа, хвалама опевана, нека буде ово делатно и стварно нама и онима који су иза нас до краја овога света, часним молитвама вашега угодника, нашег оца и ктитора Симеона. Пазимо на речено, јер ћемо почети са оним што је боље, а боље је нама од часа када се светлост простире, а то је први час дана. Чини ми се да они који чине тумачење о делима светлости, службу треба да почињу од светлости.

Слово 4.

О ПОЈАЊУ ПРВОГА ЧАСА И О МОЛИТВАМА, И ПОСЛЕ СВРШЕТКА ЈУТАРЊЕ СЛУЖБЕ И ПРВОГА ЧАСА, ИДУ БРАТИЈА У ЋЕЛИЈЕ И СВРШАВАЈУ ПОТРЕБНУ СЛУЖБУ

Треба да после јутарњег славословља заједно свршавате први час, као што је обичај, и по свршетку овога уједно додавати изговарање молитве „Који на свако време" и остало. После ове молитве треба да бивају коленопоклоњења, ниско до земље онима који могу, а онима који су немоћни, нека буду мала утврђења; њихова три коленопоклоњења треба лаганије вршити. Потом треба да говоримо у себи: „Боже, очисти ме грешнога и помилуј ме", са раширеним рукама, а када преклонимо колена и главу до земље, треба говорити: „Сагреших ти, Господе, прости ме" – три пута; а онда осталих 12 поклона брже, тако да се одједанпут на сваком коленопоклоњењу и устајању произносе поменуте молбене речи, само заједно, а не да један напред жури, а други да заостаје, него да сви имају као вођу еклисијарха или дневног јереја, који стоји код свештених двери и указује ред. Ово овако држимо, када не појемо „Бог Господ" на јутрењу. Ако ли је „Бог Господ", треба ово чинити у цркви: чинити три ниска поклона и у себи говорити напред речене молитве. После тих метанија треба сви да узгласе како треба ову молитву са уздигнутим рукама: „Боже вечни, свега створеног саздатељу", а после молитве одмах додали и мало оглашеније отачаских речи, које чита игуман, као што примисмо од пређашњих наставника, што, осим ако можда не би синаксар забрањивао, не треба никако остављати. А уз то после чтенија бива и узакоњено Трисвето, чему треба додати и ову молитву: „Који шаље светлост своју и походи." Овако бива ако се чита оглашеније, а ако се не чита оглашеније, треба изостављати Трисвето и треба првој молитви додавати ову другу молитву („Који шаље") и говорити. Све молитве треба говорити са уздигнутим рукама, јер каже: „Уздигнуте руке ваше у светиње, благословите Господа"[39]; и када каже: „Уздизање руку мојих жртва вечерња"[40]. И: „На сваком месту уздизати преподобне руке без гнева и помисли."[41] А када се сврши речена молитва и пошто јереј каже уобичајену молитву, у тај час сви падају на лице и слушају игумана, а он овако има да моли молбу од вас: „Молите се за мене у Господу, браћо, да се избавим од страсти и саблазни злога!" А ви одговарате: „Бог нека те спасе, часни оче!" И опет ви са умиљењем кажете: „Моли се и ти за нас, оче часни, да се избавимо од страсти и од саблазни злога!" И опет се игуман моли и говори: „Бог молитвама светих отаца наших нека вас спасе!" И тако уставши отидите у ћелије ваше, оставивши свако састајање и сујетне одговоре и празне речи и смех распусни, од чега се догађа да се и у срамни говор пада и у укор и у осуду, јер од тога је ум раслабљен, заборавићеш оно што је добро. И лен и малаксао вративши се својим ћелијама, одмах ћеш утонути у суморан сан и изгледаћеш скоро цео дан празан и без икакве користи у свему, као што рече и Василије Велики: „Лако је души која се излива у смех отпасти од свога хармоничнога састава, и оставити бригу за добро и још лакше упасти у прљав говор." А то нека не буде мојим оцима и братији, већ нека свако пође ка својој ћелији смело, а уједно и мудро и будно, и свагда чинећи што је Богу мило. Ако се когод по греху нађе тако заробљен у томе, било млад, било стар и остарео у монаштву, или су новаци, нека се поуче законима љубави од еклисијарха, или нека се завежу епитимијом, ако се не исправе. Не треба на новаке који су лени налагати епитимије, јер и они који су много година у монаштву лено и дремљиво пребивају, као што о овом рече Лествичник. А који иду у ваше ћелије, треба да подобно сврше сву службу после уобичајених молитава и коленопоклоњења, по више реченом закону, то јест шест псалама и трећи час и шести, када удара било по обичају три пута. А коленопоклоњења само у цркви треба чинити, када се поје „Бог Господ", као што горе писасмо. А у ћелијама вашим увек треба чинити коленопоклоњење када се молите. А ово ћемо чувати било у ћелијама, када буде бденије – због труда од њега, и још 12 дана од Христова Рођења и у Новој недељи и у отпусне дане године тако имајте.

Слово 5.

О СВЕТОЈ ЛИТУРГИЈИ И ДА СЕ НИКО НЕ ПРИЧЕШЋУЈЕ БЕЗ ИГУМАНА, НИТИ ОПЕТ ДА НЕКО ОСТАЈЕ БЕЗ ПРИЧЕШЋА, ОСИМ СА ЊЕГОВИМ ЗНАЊЕМ

Треба казати и о божаственој литургији, која по дужности свагда треба да се врши у цркви. А на њој треба да чувате ви себе, браћо, чврсто, јер је свето и страшно што се на њој врши, и јер се на њој више од других држи и врши страшна и превелика тајна наше православне вере, то јест божаствена и најчаснија литургија пречаснога тела и крви Господа и Бога Спаса нашега Исуса Христа. На њој, као што је речено, треба ви себе тачно да чувате, што више, и треба да одгоните од вас сваку кукољску и нечисту мисао недостојну ове страшне службе, и на сваки начин треба себе да чистите, потом се треба причешћивати божаственим светињама, пошто од игумана примите проштење. Јер не приличи некоме од вас да се причешћује без бојазни и без суда, нити сваки пут. Хтели бисмо ово: много пута је причешћивати се и живота, као што рече и сам Христос: „Који једе тело моје и пије крв моју, у мени остаје и ја у њему."[42] И опет: „Ако не једете тело моје и не пијете крв моју, немате живота у себи."⁴³ И божаствени апостол: „Ко се прилепљује Господу, једно је тело"⁴⁴, као и противно: „Који себе удаљује од тебе, погинуће" – рече кротки Давид.⁴⁵ Хтели бисмо, дакле, као што је ово и речено, али због људске немоћи и дела тешког не заповедамо, „јер који недостојно једе тело и пије крв Господњу, крив је телу и крви"⁴⁶, рече божаствени и духоречити и први међу апостолима Павле. Страшна је то реч, браћо моја, и указује да треба да дрхте од причешћа не само грешници као што сам ја него и они који су много поузданији у себе. Јер они треба да се причешћују три пута недељно, колико знају себе да су се очистили од срамних мисли и слагања с њима, од гнева и роптања, жалости и оговарања, лажи и непристојног смеха, и још злог мишљења, па чак и јарости, срамног говора, и овом сличнога. А они који упадоше у речене страсти, нека се пожуре да исповешћу и покајањем одступе од овога, и једанпут у недељи нека се причесте, или ниједанпут, по игумановој одлуци, јер игумани треба да се и брину о овом. А да неко без причешћа пребива без игуманова знања, није похвално, јер онај који тако чини биће осуђен као онај који испуњује своју вољу. Они који хоће да се причесте треба да поју службу узакоњену за причешће и чинећи један другоме заједничко коленопоклоњење да дају опроштај, и тако потом са благодарношћу треба се причешћивати животворним светињама. Нека вам буде и ово, имајући овај образац.

Глава 6.

О РЕДУ ДЕВЕТОГ ЧАСА И О ВЕЧЕРЊИ И О ПАНИХИДИ И О ПОЛУНОЋНИЦИ И О ЈУТРЕЊИ

Девети час треба појати као и predње часове, пошто вас ударање клепала на овај зове, као што је обичај: а вечерња служба како треба да бива, јасно представља указ синаксара; и панихиду заједно по реду, као и павечерницу после вечере, на којим службама треба и колена преклањати по закону, када није празник. А празник зовемо када се на јутрењи поје „Бог Господ". Када се павечерница служи, пошто јереј каже обичајну молитву, треба ви да падате на колена, као и на крају првога часа и да игуману ухо приклањате, који добро говори: „Простите мене у Господу, брaћо, јер сагреших делом и словом и мишљу", а ви треба да му дајете опроштај, говорећи: „Бог нека те прости, оче!" Но и ви треба да од њега молите ово, додавши: Прости и ти нама, часни оче, јер сагрешисмо делом и речју и мишљу!" А потом даље он треба да се моли за вас и да говори: „Бог молитвама светих отаца нека вам свима опрости!" Потом уставши и одавши му припадајући поклон, треба да идете у своје ћелије, и да вршите вашу ноћну службу по закону. И тако сви са похвалом и у весељу духовном предајте се сну, док подеклисијарх, чувши где часовник избија и по томе сазна да је време, не дође к игуману и прими од њега потребну молитву, па тихим гласом: „Благословите, свети" кротко позивајући, удари тада по обичају у клепалце, и раздавши свима свеће, подиже и вас на полуноћну службу, коју и он сам поје, палећи, како је прописано, и свеће у цркви. Потом клепа у велико клепало, а уз то и у бронзано, и зове све вас на јутарње славословље, чији почетак овако треба чинити: после ударања у бронзано клепало, чредни јереј благосиља Бога и у исти мах кадионицом назнаменује пред светом трпезом слику часног крста, заједно са хвалом Бога. А ви кажете: амин, и чекате да појете Трисвето одмах после 19. и 20. псалма, и после обичних тропара и „Господи, помилуј", пазећи једнако да док се ово поје и сам јереј треба да обиђе цео божаствени храм и окади све; и тада ставши пред свете двери, знаменује кадионицом слику часног крста, и заједно са знамењем узашиље славу Пресветој Тројици, овако говорећи да сви чују: „Слава светој, једносушној, неразд́ељивој, животворној Тројици, и сада и увек", и после тога еклисијарх сачекавши „Амин" одмах почиње Шестопсалмије, лагано и тихо и пажљиво, мало по мало узвишујући речи псалама, да би их отуда сви могли прећи неспотакнуто и неварљиво, и тако, по свршетку Шестопсалмија служимо по реду сву службу јутрење, као што указује синаксар.

И пошто вам је изложен пропис ваше дневне и ноћне службе, треба да кажемо и о душеспасном исповедању, а о трпези реч сада нека почека.

Треба игуман, ако прима децу духовну, да поучава братију, па и појединце да поучава и управља на души корисно спасење; ако ли не прима, то нека се изабере један који живи целомудрено, да буде отац прво игуману и после њега свој братији, а заповедамо да ниједан од вас нема другога оца. Ако ли се не нађе тако погодан у вашем чину, онда од неких монаха који благоверно живе, треба ви да узимате оца, но сви једнога и да се поучавате од њега, да саслуша оне који хоће да се исповеде и да даје свакоме потребно исцељење. Заповедамо да буде одређено време: после почетка јутарњег славословља, на овом нека се исповедају они који су непрестано у манастиру, и који се не брину за друге послове, а после павечернице они који су у и ван манастира работници. А нека буде и ово: Ако је игуман заузет, пошто се умножило братство, нека заповеди коме год од јереја или од неке многе побожне браће, и нека примају мисли неразумних, и то мисли које нас у данима и у часовима муте, а које треба отпустити и не остављати да чине тврђу смутњу; овима треба мисли праштати у Господу. А који требају неког лечења и бриге, треба да их они који примају приводе игуману, и он нека изврши потребно исцељење. А они који се исповедају нека ништа не сакрију бојећи се некако, ако знају своје мисли да их треба исправљати, но нека све чисто открију ономе који буде. А још је добро да овима кажемо потребно: зато и ви, браћо, гледајући игумана где се жури на ову добру и веома спасоносну службу, потеците и сами, потеците и у тихо душеспасно пристаниште журно пристаните, и сваки покрет ума вашега и за душу штетну мисао срца чисто и непокривено откријте, исповедајући се као пред Богом, а не пред човеком. Који год се жури да Богу лаже, примиће казну, „јер ћеш погубити", каже псалмопевац, „све који говоре лаж".[47] Не лукаво исповедајући се, но уклањујући своје мисли од сваког препирања разума, сваке нечистоте, сваког немира и невоље. Будите ми радосни и весели, добивши добру наду да нећете изгубити спасење. Исповедајте се не окривљујући један другога када упаднете у неку малу срџбу или у друге какве распре, а себе приказујући без кривице и још тражећи осуду, као да нисте на исповести, нити говорите о вашим телесним потребама, што су вам се догодиле. Све ово има своје време, а сада је време исповести, исцељења душевних страсти. А ако треба да говорите о некој срџби, сав укор и узроке греха, какав год био, пожурите се да себи припишете и наметнете. А ако о неким другим страстима, и њих чисто исповедите, да и одавде као плод поцрпете двојаку корист: да дођете до чистога душевног здравља, и да се обучете у смерност која уздиже, коју имајући ваистину слични бићемо Богу, који каже: „Научите се од мене, јер сам кротак и смеран срцем."[48] А шта би друго било као најјаснији доказ кроткога и смернога срца, ако не храбро подносити сваку невољу и себе прекоревати у свему. Истинито исповедање је узрок толиких добара; без њега, мислим, нико неће постићи спасење.

Глава 7.

О ДУШИ СПАСОНОСНОМ ИСПОВЕДАЊУ

Зато заповедамо од Господа Бога Сведржитеља, да се онај који се не исповеда не причешћује, док не дође к себи и не исповеди сва грешна и штетна дела. Иначе требало би таквога и из манастира избацити и одрезати као загнојен уд, и уклањати и одбацивати као тешко залечиву или сасвим неизлечиву рану; али пошто се не зна шта ће бити и пошто има наде да ће се некада освестити, одустадосмо од такве одлуке. Онога који се не причешћује треба подлагати под епитимију као неразумнога, и ово је веома на корист. А каква му је корист од пребивања овде? И каква му је корист од неисповедања? Зар нема од тога пре штету и погубност и свагда учење злу, и све оно што души носи пропаст? Као када неки болесник или који има ране, и сакрива их од лекара, тешко долази до здравља, тако ће и много теже доћи до здравља душе онај који се не исповеда. И овоме је сведок божаствени Василије, овако говорећи: „Треба онај који се покорава, ако хоће да показује потребни напредак и да се навикава да живи по заповести Господњој, да не чува сакривен ниједан покрет душе, но нека отворено износи игуману својему све сакривено срца свога." Тако чинећи, браћо, ослобађамо се не само својих грехова, него ћемо и надаље бити тврђи. Јер рече Лествичник: „Ране које се откривају, не иду на горе." И опет: „Душа која разуме исповест, држи се њоме као уздом да не греши." Толико је корисно откривање својих грехова. У будуће бодри смело сви потецимо ка њој, и наређујемо да свакодневно исповедање овако бива, то јест самом игуману или онима који би му се чинили да су погодни за примање мисли; а велико, прво исповедање, оних који светске власти одлажу, треба се исповедати само оцу, а не коме другом или игуману, као што више писасмо, да би знао отац свију дати свакоме потребан лек. И ово треба да буде овако.

А службе светих постова изложиће тачно синаксар, као што је у њима увек учињено.

Глава 8.

О БДЕНИЈАМА КАКО ТРЕБА ДА БИВАЈУ

Бденија треба да бивају по закону у недеље и у Господње празнике, и о спомену осталих светих које наводи синаксар.

Глава 9.

О ТРПЕЗИ И О ЧИНУ КАКО ТРЕБА ДА БИВА

Време би било, уосталом, да се сетимо и трпезе, јела и осталог што тражи телесни састав. Јер као што смо ми састављени из двога, то јест из душе и тела, тако и ствари у манастиру. Као душа његова могла би се наравно разумети цела боголепна служба у певању, а као тело сам манастир и оно што је потребно нашим телима. Пошто смо већ довољно с Богом ово рекли о његовој души, приличи да укажемо и о оном што је најбоље за његово тело, и да узаконимо о начину хране и о другом, што боље удовољава састав манастира, да вам тачно кажемо, о чему треба мање да мисли онај који хоће да умножи свој манастир.

Да кажем дакле и ово, и да оно што треба предам мојим вазљубљеним оцима и браћи. Пошто је извршено уобичајено дијаклизмо у припрати, то јест пошто се узело мало анафоре и испило вина, после већ свршене божаствене литургије, сви тамо сакупљени седе чекајући позив за трпезу, који бива ударом трпезнога била. Када се удари у било, одмох изишавши заједно са јерејем који је литургисао, чине поклон игуману, и тако пошто почне уобичајени псалам ради слушања, иде сам игуман за трпезу и сви неизоставно који су указани да седе на првом обедовању у трпезарији. Тако ушавши у трпезарију и пошто се сврши речени псалам са малом молитвом, сви седају по реду који одреди игуман, и једу што је постављено са похвалом Богу. И ово треба да знате: Ако ко закасни на псалам и молитву, нека јави трпезар игуману; да му каже и узрок закашњења; и ако би изгледао оправдан, треба му опростити, иначе нека чини метаније, колико игуман заповеди. Треба међутим да бива и уобичајено читање на обедима, по обичају, нека нико не ропће и не мете се, нити да смућује ону корист светским разговорима и празнословљем, осим самога игумана ако би што хтео, говорећи мало, а слично и запитани од њега сличан одговор нека даје, ако је могуће, и кратко и сажетим речима. Ако ко узнемирује или се узнемирује, ко смућује или се смућује, и ко смета читање неумесним и неприличним разговором, нека се уђутка од трпезара. Ако ли га чује па не уђути, већ настави да узнемирава братију причањем, нека се силом уклони од трпезе, и нека се баци под епитимију нејеђења, или нека се смири на други начин, како буде хтео игуман. Ради седења не трпимо никако да се говори. Господу да буде угодно братија да живе по Богу и никако да не завиде због седишта, као што то чине светски људи; и овде сами себе да не уздижемо изнад других, сами себе таштином да не преузносимо, јер то је, бојимо се, ствар сујетне славе, а Богу мрска: „Јер мрзак је Господу сваки који се срцем узвисује"[49], рече божаствено Писмо, и „Господ се противи гордима, а смернима даје благодат".[50] Нека не буде дакле то међу вама, нека не буде! Јер будући зрелога ума немојте никада претпостављати да будете мрзост Господу уместо да примате благодат од њега и да га имате близу вас, као срцем смирени, или да истину кажем, да будете његов дом вазљубљени. Ако би се неко од вас, јао, нашао да се ради овога препире, губећи и мало времена и снаге, и не чека наређења игуманова, и не буде задовољан одређеним му местом, заповедам у Господу да му се одреди последње место и да се научи светске ствари остављати у свету. А ако се, што није препоручљиво нити пристојно, још бочи и препире, и после друге и треће опомене непоправљив и сасвим неисцељен остане, таквога треба изгнати из манастира као неку фалагедону, то јест као живу рану, одбацити далеко од вас, да не би и осталима од вас предао своје ране. Јер много лакше је примити зло, него добро[51], као што рече неки мудрац.

А када ви једете, не треба један другоме да дајете какву храну или пиће, ни мале капље да помеша са вином, већ коме би често нешто требало од овога, уставши мало, веома учтиво и са побожношћу, и нека моли од игумана, овако говорећи: „Благослови, оче, потребно ми је ово!" Ако он одобри, прими лепо оно што се тражило; ако ли не да, нека се опет умири и нека са ћутањем седи благодарећи. А ово чинимо не ради неке штедње, као што неки мисле, и ради шкртости, него да не буде то међу нама да се штеди на рачун мира братије. Јер ради кога журимо да ово стекнемо, ако не ради вашег задовољства, као што рекох, браћо моја? Него поручујући побожно и у овом благочино вам, да не би отуда добило простора униније у многима, и разбило цео трпезни ред, и да не будемо као они који не разликују оно што је неваспитано и непобожно, који када пију један другом наздрављају пре пића и отпића. Не само ово, него пресецамо и избор воље, а уз то искорењујемо и неситост многих и учимо вас да будете задовољни малим и потребним, а уједно вам отуда плетем венце уздржљивости.

Него одвраћамо вас и од тајног тамног дела и непознатог, да не кажем и украденог. Зар није тамно дело које се чини сакривено? Свакоме је познато, а ово и божаствено јеванђеље објашњава овако говорећи: „Сваки који чини тајно, не излази на светлост, да се не обличе од светлости дела његова лукава"⁵², и Апостол: „Све што се објављује светлост је, као што реч указује, а напротив оно што се не објављује, тама је".⁵³ Ради каквога добра, брате мој, остављаш дело светлости, а чиниш дело таме? Бојим се, каже, молећи, а напротив чинећи зло што Бог мрзи, не бојиш се, а за добро се бојиш? Молим те – ти не, али знам многе који то чине, и газе своју савест и мисле да су се сакрили, што ме дира у само срце и не престајем да их оплакујем, јер такво зло имајући не осећају, тешко мени, и не откривају страсти! Нека им буде Господ милостив и нека их поучи, као онај који све на корист усмерава. А ми треба да идемо, одакле смо пошли.

Пошто смо обедовали и обичну молитву казали, и пошто смо устали, треба по закону отпојати службу са молитвом, и тако одлазити ка својим ћелијама. А на вечеру, ако ко хотећи вечерати закасни од молитве, и он да потпадне под сличну епитимију као и онај који закасни на обед; нека се пита нема ли оправдано извињење. А ко међутим због уздржавања од јела не дође на вечеру, није крив. Сам хлеб поставиће се вама који вечерате, и тај мало. А ако има мало и каква воћа, по мишљењу игумана и тога треба узети са благодарношћу. А пиће даће се по закону уобичајеном красовољом. Ако се слави какав празник некога од братије, а то нека буде са знањем игумана, нека се не чува на вечери ово правило, него како хоће слављеник, тако чините. Нека улази подиконом на друго служење јела и нека испитује да ли су неки требали да једу међу првима и остали су са другима, и ради чега су остали. И ако је извињење оправдано, то су без кривице, ако је безразложно, заповедамо да се не оставе да једу. Ни ово није похвално: без оправданог узрока изостајати од јела. А то ако је и тешко, треба да се по могућству сасвим и одстрани.

Глава 10.

О СВЕТИМ ПОСТОВИМА ВЕЛИКИМ И О ДВА МАЛА ПОСТА, СВЕТИХ АПОСТОЛА И ХРИСТОВА РОЂЕЊА

Тако је сада у просте дане године, а у дане светих постова није тако. Пре свега: у прве велике посте, у први дан то јест понедељак прве недеље, нити појемо литургије, нити се бринемо за трпезу и јело, а у остале дане исте недеље треба се бринути и за трпезу и за јело онима који хоће да окусе, то јест од сочива квашена водом и неког сировог зеља и воћа, а пиће је врућа вода смешана с кимином. Тако до петка. А у петак треба да једете кашу и вина по чашу, због празника светога и великога мученика Теодора. Ова прва света недеља великих постова нека вам овако остане. А у суботу и недељу ових светих постова два јела: вариво са уљем и октоподе. А за пиће треба давати уобичајени велики красовољ. То нека бива вама (...) а у уторнике и четвртке нека вам се износе друга два јела, но не оба са уљем, него само једно. А вина мерећи мале красовоље, што је половина великога. А у друге дане: то јест понедељак, среду и петак, не треба никако јести варива ни пити вина, већ само сочиво квашено и воћа по мало, и укроп водени са кимином. Ако се у један од ових дана догоди празник Обретења главе Претече или Светих 40 мученика, осим прве недеље целе и опет осим среде и петка, нека вам је разрешено јести хоботнице и два јела са уљем, и вино са великим красовољем. Рибе никако не једемо. А када настане празник Благовести, нека се празнује светло по могућству, и рибе можете јести, осим среде и петка, и вино пити са великим красовољем, не једанпут, но и сутра, што остане од јучерашње трпезе треба да једете, и вино пијте; такође и риба нека се не изоставља и два јела са уљем, ради свршетка празника, као и у остале отпусне дане, а рибе јести на овај свети празник као што је речено. Ако се догоди петак или среда и понедељак или велика недеља, тада једемо октоподе, да се ипак утолимо због празника, јер три дана ове недеље, то јест понедељак, среду и петак, треба живети тачно као и прве недеље поста – неко квашено сочиво и сирово зеље, и ако се нађе воће будите задовољни, и пијући водени укроп са кимином. Ако ли пре речени празник падне било на Велики четвртак, било на Велики петак или на саму Велику суботу, па и Велики четвртак, то као и у отпусне дане нека вам буде у јелу и вину, а на Велики петак не једите никаква варива, него сочиво квашено и зеље неко сирово, и воће, а пиће укроп са кимином. А у свету суботу нека одступа свака брига око скупљања на јело, него да бива само дијаклизмо пред црквом по обичају. Овакав имајте начин живота у свете велике постове, а за немоћне бригу налажем игуману по вољи.

А пост светих апостола изложићемо овде. По свршетку све службе часова и божаствене литургије, како синаксар указује, призива вас трпеза по горе реченом начину, када настане седми час, у који једите два јела са уљем, осим среде и петка; а у те дане не кушамо никако уља нити пијемо вина, а у уторак и четвртак и хоботнице једемо, а у суботу и недељу рибу једемо и пиће са великим красовољем да пијете. А на вечери да се поставља мало хлеба, а вина такође са великим красовољем, јер је знојно и сушно време.

А у пост Рођења Христова нека вам буде исто као и у пост Светих апостола у јелу и пићу, као што онамо указасмо. А по свршетку, као што је указано, све службе у синаксару, ово двоје измењујем: када је пост не литургисати у све дане; пошто се дан не протеже, будући кратак, не треба јести двапут на дан, јер ће вам се у девети час представити обед, када је пост, како је речено. Пост је знај: када се на јутрењи не поје „Бог Господ" већ када се поје „Алилуја", тада је пост. Тако и ово имајте.

Глава 11.

КАКО ТРЕБА ПРАЗНОВАТИ ГОСПОДЊЕ ПРАЗНИКЕ И ПРЕСВЕТЕ БОГОРОДИЦЕ

Сви божаствени Господњи празници, као и пресвете Владичице Богородице Наставнице наше, нека се празнују изнад других, и то у појању и у сјају и у вашем јелу. А празник Свето Ваведење „у Светињу над светињама", како га називамо, нека се светло празнује од вас, светло и свечано, јер је празник над празницима и славље над слављима. Тога дана нека се уведе на трпезу колико је могуће, и на вратима подајте у хлебу и вину колико буде братије.

Нека је доста ово речено о овом, а споменућемо и о другим стварима.

Глава 12.

О СЛОБОДИ МАНАСТИРА

Заповедам свима вама од Господа Бога Сведржитеља да овај свети манастир буде слободан од свих ту власти, и од прота и од других манастира, и од особних владика. И да није ни под чијим правима, ни царским, ни црквеним ни другим ничијим, него да је под једином слављеном Богородицом Наставницом, и под молитвом преблаженога и светога оца и онога који игумањује у њему. А чувати и исправљати и управљати и владати још и хрисовуљима блажених царева, којима се слободно и ничијој власти непорабоћено тврђе привезује, да имате непоколебљиву и неизмењену слободу, која неће никако пропасти. Ако ли ко усхте некада, у неко време, да на који начин пораboti ово, или учини под неком влашћу, или ко од клирика или од лаика, или сам игуман или ко од братије у њему, потакнут демонским искушењем, да је крив не само божаственом телу и крви Господа и Бога и Спаса нашега Исуса Христа и Богоматери Госпођи нашој Благодетељници, него нека му је и анатема, као што рече божаствени апостол[54], и клетва на њему 318 светих отаца, и нека је наследник Јуде издајника и учасник са онима који су рекли: „Узми, узми, распни га!"[55] и нека се приброји онима који су викали: „Крв његова на нас и на децу нашу!"[56]

Јер многим знојем и трудом обнови се ово опустело место и сврши се, и би заповеђено од оних који су га поставили, да буде слободно; ако се пак згоди да злом и лукавом вољом падне под власт покварених и лукавих људи, који не гледају ни на шта друго него на погубну корист, јадно јадник учиниће! И не само ово, него и крстове блажених царева, које они својом богољубивом вољом написаше у хрисовуље, дајући слободу манастиру. Трипут је он јадан и трипут проклет, ма ко био, ко погази слободу и ништа не помисли. Ко би тако нешто учинио, како да неће после бити кривац? Нека ово буде на тај начин прописано.

Глава 13.

О ПОСТАВЉАЊУ ИГУМАНА, КАКО ТРЕБА ПОСТАВИТИ ИГУМАНА

А треба уосталом подсетити вашу љубав и о постављењу игумана и иконома, и првог еклисијарха неизмењено и непреступно. Ако хоћете да поставите игумана, јер овај наш свети манастир Госпође Наставнице наше Богородице би одликован од благоверних царева да је у броју игуманских манастира као и други царски игумански манастири. А други се знаменују од цара. А ја смерни разумех штету манастирску у злату и у коњима и у труду, што долази од путовања, и умолих благоверне оне цареве да не иду игумани к њима ради назнаменања, већ узех од њих штап, да је у манастиру место назнаменања царског. А кад се престави игуман од вас ка Господу или својом вољом остави игуманство, то нека се бира иконом и еклисијарх, и од братије до 10 или 12 који су најстарији, и нека уђу у цркву и нека промисле себи игумана, који ће им отворити не само телесне очи него и душевне, за кога сва братија зна да је у врлини и у правди и преподобију, који има слободе да каже:

„Ходите, децо, и послушајте ме, и страху Господњем научићу вас."⁵⁷ „Узмите мој јарам на се и научите се од мене, јер сам кротак и смеран срцем, и наћи ћете покој душама вашим."⁵⁸ А нека не буде наговарања ради задовољења телесних похота. И изишавши из цркве овога свима објавите.

А на овај начин треба да постављате игумана: Пошто ви сви уђете у цркву, и узевши овај типик и положивши га на свету трпезу, и прислонивши штап уз свету трпезу, заповеда се да изабрани уђе у олтар, са уобичајеним Трисветим и са тропарима. Тропар: „Помилуј нас, Господе, помилуј" до краја; „Слава: Господе, Господе, погледај с небеса и види" и друго, а нека буде глас шести у октоиху: „Јединочедни и јединосушни Оцу својему", затим „Господе, помилуј" 30 пута, и пошто се поклони три пута до земље пред светом трпезом, и пошто са ње узме типик и штап, и пошто сви кажу: „Достојан!", и достојан нека стане на достојном игуманском месту. И пошто стане, целива га сва братија, и од тада је ваш игуман Богом постављени и пресвете Госпође и Владичице Богородице Наставнице, који му помажу.

Глава 14.

КАКО ТРЕБА ПОСТАВЉАТИ ИКОНОМА

А како ћете опет иконома поставити: Ти, игумане, и сва братија треба да изаберете по вашој врлини подобна и да постављате у икономство; нека се постави на овај начин: после отпуста јутрење и уобичајене молитве, и пошто бива Трисвето од свију, нека чини три метаније пред пресветом Владичицом нашом Госпођом Богородицом Наставницом, и нека побожно и са страхом целива икону. А потом нека се поклони игуману до земље. Затим нека приклања своју откривену главу игуману, а игуман знаменујући га часним крстом, нека овако побожно говори: „Молитвама пресвете Богородице и молитвама светих отаца постављају те за иконома манастиру!" Потом давши целов у Господу, нека стане на место које му припада. Потом га целивају сви. После целова нека се узноси слава Богу и нека дође отпуст после уобичајене јерејске молитве. Пошто овај иконом без падања свршава своју службу ка Богу и вама, покаже вам се искусан и управља вас не по лицу, но све имајући као један уд, пошто има под собом и свога помоћника: подиконома. И тако у Господу неизмењено и непоколебљиво добро пребива, чувајући и управљајући сваку ствар. Ако ли штогод непажњом пропадне, макар и од малих ствари, то ће бити испитивани у дан испита и за малу ствар, коју погубише у својој лености. Јер апостол каже: „Сваки који чини работу са усрдношћу, примиће награду отплате према труду."⁵⁹ И опет: „Проклет је човек који чини работу са леношћу!"⁶⁰ Ово слушајући треба од зла бежати и више се ка добру подвизавати. Ако га време обличи као неспособна и некорисна, као лена у служби и неплодна, или да даје својим рођацима или од манастира краде, или разврађа братију, ван указанога устава, или одриче мудре заповести игуманове, или приповеда неку манастирску тајну, или руши што у уставу и поставља своју вољу, или јасно показује неке телесне страсти. И ако пребива у некојима од ових ствари и не оставља се њих, него их још више држи, то био игуман, био иконом, ви заједно савећајте и уједно одлучите оно што је боље, и тада скините онога неподобнога са вашег заступства, а уведите онога кога сте ви изабрали, а овога оставите нека се покори. И ако се догоди да игуман изиђе било својом вољом или ради неких ових ствари, то нека се поштује као први брат после игумана, и нека има стојање и седиште у цркви и за трпезом и на осталим скуповима, а у јелу и пићу и у свему нека живи са онима који су у општежићу. И ако буде нешто радио, дозвољено му је давати некога другога од млађих, да му ради. Нека вам је и ово знано: Ако било игуман, било иконом што стече живећи у манастиру, и рекне: „Ово је моје", заповедам да тако не буде, него сваком довољно требовање да буде од манастира.

Глава 15.

О ПОСТАВЉЕЊУ ЕКЛИСИЈАРХА

За еклисијарха треба да постављате брата, изабравши га по речи Давида:

„Благо човеку који се боји Господа,
коме су веома омилеле заповести његове!"[61]

И нека полажу устав црквени пред пресветом Владичицом нашом Богородицом и кључеве црквене, и да чине Трисвето. И после Трисветог узима наречени еклисијарх устав и кључеве, као од саме пресвете Владичице наше Богородице, и прилази ка игуману, и благосиља га игуман по више писаном благослову као иконома, и њега на исти начин нека произведе, само измењујући на име еклисијархово. Заповедам да он не буде лен на вршење црквене службе, него да врши бодро и сећајући се блаженог пророка који вапије:

„Работајте Господу са страхом
и радујте се њему са трепетом!"[62]

Пошто то чува и пошто има и подеклисијарха нижег од себе, и пажљиво, смотрено пази у појању и у читању да се нешто не изостави у вашој лености, а уз то и на паљење свећа и чишћење и паљење кандила, или на спомињање живих и умрлих, који су уписани да се помињу; уз то и на панихиде по преданом чину, као што синаксар заповеда, и о умрлим светим оцима и браћи нашој, када се коме случи или смрт, или да се учини помен раније почившој браћи нашој у записани му дан. Ако се ови речени помени неком од братије догоде у дан недељни или на празник Господњи, то немој остављати због празника, већ пој или пре празника или после празника. Ако ли се овај помен речене братије наше догоди у велики пост, тада само у суботе појемо панихиде за мртве. А онима чије се панихиде догоде у посне дане, треба им пре месопуста отпојати панихиде за покој.

Глава 16.

ПОУКА БРАТИЈИ И ДА ОДАЈУ ЧАСТ ИГУМАНУ

Но молим се, чеда моја у Господу вазљубљена, молим се, штавише и заповедам, и за сведоке речи позивам као чуваре дела, и послушнике да према игуманима и икономима слободу и поштовање имате. Јер моја реч је опет упућена вама који на себе примате суд, нека одступи од вас завист, да одступи свака сујетна љубав и дар неразуман, а нека се скупе: праведан суд, тачна пажња и мерило правде и тачност истине, и као да надзире својим свевидећим оком сам онај који испитује срца и утробе.[63] Тако нека буде ваш избор и испитивање. Ако ли нешто у вашем људском, не могући расудити сами себи сагрешења у себи, притецимо ка другоме, који нам може расудити зле обичаје, који нам доносе пропаст души, а оправдање тога ако је праведно тражиће од вас праведни и ненаговорљиви Судија, и не знам кога бисте узевши за браниоца могли утећи осуди. А ви, тешко мени, оним погубним избором рђавог избрасте, и нанесосте толику штету не само њему него и сами себи, а са вама и свима осталима, навукавши пропаст и њему самом, и вама самима и другима.

Не устремите се зато у борбе, радећи по својој вољи, него у заједничком мишљењу и умовању изаберите изабранога. Свакако и када је игуман жив, треба бирати изабранога од братије. А ако се стечете у једну сагласност и вољу, нека вам се не противи игуман, а гредући за вама, још ћу чувати вашу сагласну вољу и једну одлуку. Ако нећете да послушате моје добре поуке на вашу корист, изаберите себи другога вођу, који ће ићи по вашој вољи и вама се покоравати, а не ви њему. А тим и таковим противусловницима заповеда моја смерност да не буду противни због разне гордости, јер каже: „Тешко онима који се одричу и који нису смерни, јер ће их Господ својим гневом смирити." Да, ради овога изволите и сами у себи расуђивати смирујући се, не дајући противљења.

Глава 17.

О ПОУЦИ ИГУМАНА БРАТИЈИ И О ИСПОВЕДАЊУ

А саветујем свима, браћо, када вам се постави игуман, пожурите се да све покрете ваших душа њему кажете и да исповедите ваше за душу штетне помисли, да би отуда одмах вашу љубав и расположење у себи утиснуо; а не говоримо мисли исповеђене старешинама, но оне које вам досађују свакога дана и часа; јер није могуће никако да ви као људи никада не помишљате нешто зло и не дајте добро одлагањем, што не треба да буде, него са сваком вољом, и са журбом на то трчите, да бисмо сви били једно, исто мудрујући, исто помишљајући, пасени и вођени од једног истог пастира и као нека златна верига везани једни за друге, држите се један за другога и саудите се[64] у једно тело, под једном главом, по божаственом Павлу, неимарством Духа.[65] А ако ко буде несавитљив и непомирљив и непопустљив, своју чинећи вољу, не чинећи исповедања игуману или општем оцу као што више писасмо, него он себи одређује другога духовног оца, а не овога, и стара се да њему излаже мисли, нека буде негде изван и далеко од вашега стада одмах одагнан, без милости и помиловања (о, Божје свевидеће очи!), зло и веома напасно је намислио. Нека се изгони из манастира и нека се одлучи, туђ нека буде од нашег дела, заједничког живота и беседа, као кривац отргнућа и цепања, и сваког другог нереда и смутње и штете. Таквом је сличан овај.

Глава 18.

О ЗАПОВЕСТИ БРАТИЈИ, ПОУКА

А ово да вам опет заповедим: Будите ми са сваком чашћу и љубављу, сваким страхопоштовањем, сваком непоколебљивом покорношћу, сваком послушношћу игуману вашем, као што рече неки од светих отаца; каже: „Ако ће они који се за вас брину одговарати за вас, како да се у свему њима не покоравамо и као остали удови тела глави не будемо послушни и услужни?" И божаствени и велики апостол Павле овако каже у својој посланици Јеврејима: „Повинујте се игуманима вашима и покоравајте се, јер они се као одговорни старају за душе ваше."[66] Но и један према другоме јединство и љубав, мир чувајући, будите ми, распаљујући једни друге из срдачне мисли, једни друге утврђујући, упућујући, тешећи, подижући, поучавајући једни друге на подстицање љубави и добрих дела, и просто рећи на све што је добро, што је спасоносно, што је врлина, што је похвално[67], старајући се да извршите колико је могуће. Јер Господ наш Исус Христос рече: „Овако вам заповедам да љубите један другога, као што ја вас заволех"[68]; и опет: „По томе ће сви познати да сте моји ученици, ако љубите један другога."[69] Видите чији ћемо ученици бити чувајући ово, видите коју ћемо славу и весеље постићи поучавани од човекољупца Владике! Зато са свим старањем и са свом снагом и са свом ревношћу на заповести његове пазимо!

Глава 19.

ПОУКА ИГУМАНУ И ОЦУ ДУХОВНОМ

И ти, оче духовни овога освештенога стада и наставниче, буди смеран братији, милостив, показујући им сву очинску добру вољу. Да, молим те: за све се брини, све чувај и све трпи, помажи, поучавајући, опомињући, учећи и тешећи, болне исцељујући, немоћне утврђујући, малодушне бодрећи, оне који греше враћајући, седамдесет и седам пута праштајући по речи Господњој.[70] Јер подобно је да нам онај који се уподобио Господу снисходљиво суди, а ако то занемарује или крајњу истерује правду биће осуђен због своје мржње, као немилостив. Да друго оставим, св. Василије рече: „А и сам игуман, бринући се као отац за рођену децу, надгледаће по могућству свачију потребу и предузеће по могућству потребно исцељење и бригу, и уистину болестан уд, било телесно било душевно, разматраће са љубављу и очинском добронамерношћу." Када ви овакви свакако будете, неће бити да неко недостојно ускачући игуманује или икономује, позивајући се на старост, или дело, или племенит род, или углед, или приношењем некога имања или новца, већ да буде пре тога поштован од оних који су од вас свију одређени у савећање и расуђивање о игуману, и нека се изабере за игумана само од њих, па макар се он тек постригао, макар био и неписмен и од оних који је ван цркве приведен. Никакве штете отуда неће бити манастиру, „јер Бог може и од камења подићи децу Аврааму"[71], и слепима дати премудрост, и реч дати неречитима, који ће му бити угоднији од оних који се хвале својом снагом и мудрошћу и богатством и пореклом. И за ово је сведок ваистину божаствени и велики апостол, свети Павле, који овако веома вапије: „што је лудо за свет и немоћно и изгнано, то избра Бог да премудре и силне и високе посрами, и оно што се не сматра ни за шта, да уништи оно што важи за нешто".[72]

Ово је о постављењу игумана и иконома. Додаћу нешто мало реченоме, веома потребно и пригодно.

Глава 20.

О ТОМЕ ДА НЕ СУДЕ БРАТИЈА ИГУМАНЕ У ДАВАЊУ МАНАСТИРСКИМ ГОСТИМА

Да не суде братија игумане, нити да траже рачун о томе што се уноси или издаје ради манастирске потребе. Јер ово је недостојно и штетно, и рађа не мало неповерење, цепање и неред, а чини и друге саблазни. А ти опет, игумане, рођацима и својим пријатељима који не буду манастиру од потребе, немој раздавати нити пак сабирати и узимати себи говорећи: „Ако не будем опет игуман, да имам ово!" Они који овако чине, нека буду без причешћа светих тајни у Светом Духу. А ако се и братија не повинују у испитивању онога што су учинили, њих смо осудили, или опет ако братија раде без његове воље, то и на њих уз пређњу заповест и ово прилажемо. Судији који се не да преварити, изобличитељу савести, ваистину неће побећи. Зато и треба да пазе да не упадну у руке Бога живога.[73] Јер, неће побећи божаственом страшном суду за неоправдано и непотребно издавање ствари и новца; пишући им ово, подсећамо их. А ако се толико самоуверени и бесрамни покажу, да се не боје ни Божјега суда, већ недолично растачу што је манастирско, нека буду без причешћа док се овога не окану.

Глава 21.

УКАЗ О ЗАВЕСАМА, ИКОНАМА И КЊИГАМА ЦРКВЕНИМ

Хоћемо да се не узимају од нас стечени свештени сасуди, иконе и завесе и књиге, нити остале све црквене течевине, и не само да се не узимају него нека се одатле ни не покрећу, и никада ни од кога не узимају. А ко нешто од овога отимајући узима ради неког изговора, нека падне у грех црквене крађе и због овога нека буде осуђен законском казном. Из другог оправданог разлога узимати ове или премештати, ни ми, нити други неко добро мудрујући не може наредити, осим у време невоље од пожара манастира, када се догоди да се запали или падне од земљотреса, или што друго што ће бити манастиру од помоћи, а друге никакве помоћи нема, тада нека се ови покрећу, али да то не чини сам игуман тајно, него по договору и одлуци све старије братије.

Глава 22.

О УПИСИВАЊУ СВЕГА ШТО ТРЕБА ДА СЕ УПИСУЈЕ

Заповедам вам још и то, да се све записује од манастирских права, приходи оних који служе подробно да се преписују, издаци – када и камо, а приходи – када и откуда. Ова је заповест свима: дохијару, иконому и парикономy или спољашњем иконому, или онима који држе било коју другу работу. Овоме вас учим да сви записујете ово, да будете беспрекорни и без приговора.

Глава 23.

О ОНИМА КОЈИ ГОВОРЕ СУЈЕТНО И ПРАЗНО

Уосталом и о другим стварима треба да се говори и каже и о њима довољно. Ако се који од вас у неком ручном раду или у другој служби састају и творе празне разговоре, па навикнути на ове састанке падају и у срамне разговоре, јер они који много говоре неће побећи од греха,[74] нека се не клоне да се науче од бољега, а овоме заповедам да то чини из љубави, и да наговара да се оставе штетнога за душу. А треба говорити из божанских списа, јер је то корисно за душу, или ћутати. „Заустављајући усне, разуман си и мудар", каже писац Прича[75]. А и када сте на путу, па од тога болујете, лечите се на исти начин. Треба веома пазити да се сачува ум, знајући да је противноме лако наићи на њих и довести до пада, што нека не буде, што је исто као и када се овца удаљи од ограде, стада и пастира. Уз то не треба упасти у међусобна злостављања или у гнев; јер онај који ово чини нека се одлучи, ако се не каје и не моли опроштај скрушеним срцем. Волимо да ви свагда имате мир и љубав један према другоме, и место гнева научите се: „Благослови и прости, брате!" А они који чине сујетне састанке и долазе без разлога један другоме, и без икаквог потребног узрока и игуманова знања, нека буду поучени; па ако од зла не одступају, нека буду кажњени.

Глава 24.

ДА НИКО НЕМА У ЋЕЛИЈИ ЈЕЛА НИ ПИЋА, НИ ВОЋА И НИЈЕДНОГ НОВЧИЋА

И који стиче неко имање преко манастирске заповести, макар и један новчић или воћку, без знања игуманова, нека падне под епитимију. Слично овом, који тајно једе и пије, ако се не покаје, и који прима гласове од пријатеља и рођака, и отписује им. А онај који нешто краде од манастира и не исправља се, нека се одагна одатле.

Нека се дода и ово реченом.

Глава 25.

О ТОМ ДА НЕ ВОЛИМО ДА КОД ВАС БУДЕ ВЕЛИКИ БРОЈ, ВЕЋ АКО И МАЛО, НЕКА БУДУ СА ЉУБАВЉУ

Велики број међу вама не волимо да буде; толико да вас буде колико је довољно да имате хране, и који побожност, љубав и јединство претпостављате свему другоме, који се својим игуманима у сваком стрпљењу и смерности срца повинују, и који се журе да богољубно испуне све што су они заповедили; а они други да се одашиљу, па макар требало да вас и мало остане. Боље је један који чини вољу Господњу, него множина безаконика.

Глава 26.

О ТОМЕ ДА БРАТИЈА НЕМАЈУ РАБОТНИКА

Не приличи вам да имате служитеље. Треба да буду по двојица заједно у ћелији, и сасвим доста! Треба да буду једно и исто, дишући законом љубави духовне, исто мислећи и као једнодушна браћа ваистину сакупивши се, вукући свесрдно исти јарам Господњи, и један другом у миру и у потребној послушности и поштовању покоравајући се, да се и међу вама испуни реч Давидова:

„Колико је добро и колико красно
када братија живе заједно!"[76]

А треба и ово расудити: нека се повинује новодошавши ономе који је пре дошао, неписмени писменоме, неуки образованоме и млађи старијем. Ако ли игуман одреди да ко буде и сам у ћелији, он нека зна живот њихов.

Глава 27.

КАКО ТРЕБА ДАВАТИ ОДЕЋУ И ОБУЋУ

Треба даље указати о одећи братији. Заповедио бих да им се дају расе шивене, али видех да завишћу ђаволском међу њима настадоше многа роптања, говорећи један другоме: „Теби је боље дано, а мени горе." Ради тога заповедамо: када дође новак, нека му се даје раса и кошуља, а на годину да се даде свој братији по перпера, да себи купују одећу; а у погледу обуће, то остављам на игуману и на иконому, у калигама или у другој обући, да којега виде да нема обуће, да му даду, а нарочито црковници да имају неоскудно калиге, а у ноћ ноћно рухо, како буде могуће манастиру. И ово, и још по литра уља да им се даје на годину ради осветљења ћелије. И вуне да се свакоме даде по руно на годину, макар и купивши. А који су црковници изабрани од игумана, који имају да држе и ћелијски устав, то нека им се дају по три литре уља на годину, али треба да су по двојица у ћелији и свична да једним кандилом обављају своју службу, да им светлост дотече за годину.

Глава 28.

О ОНИМА КОЈИ НЕ УСТАЈУ У ЦРКВУ, КАКО ИХ ТРЕБА КАЗНИТИ

Заповедамо овима да увек неслабљено буду на свакој црквеној служби, молећи се за себе и за свет и за братију која служи.

Ако ли се ко улени и не устане на јутрењу или на другу службу црквену, осим због неког оправданог разлога или болести, нека чини метаније пред игуманом и свом братијом, тридесет метанија посред трпезарије; ако ли се не покаје и опет по други пут не устане, нека учини 60 поклона; ако ли и тако, не покоравајући се, остане и опет павши у очајање и по трећи пут не дође у цркву, нека учини 100 поклона. Ако ли се још не покорава и чини саблазан другој братији, нека се изгна од игумана и све братије. А ову заповест дајем не само црковницима, него свој братији који су у манастиру, осим оних који изван манастира леже. А у читању и у канархању коме учини еклисијарх метаније, осим телесне немоћи, или на појање или на почињање, нека се не одриче. А на трпези заповедам да држите чтенија недељама. А ово све на игумана полажем: да ако ко не послуша еклисијарха, нека их поучава игуман.

Глава 29.

О ТОМЕ ДА НИКО НЕ КУВА ЗАСЕБНО НИТИ ЈЕДЕ У ЋЕЛИЈИ

После овога и ово вам пред Богом и самом Владичицом нашом пресветом Богородицом Наставницом заповедам:

Нека буде свима вама исто јело и пиће, а заповедамо вам не кувати посебно, ни теби самом игуману, ни иконому, ни еклисијарху, нити коме другоме од братије, која пребива у нашем стаду. Ако ли дође гост манастиру, то треба игуман, ако ли нема игумана, онда иконом или ко год било од првих, да спреми госту како треба, јер ради тога јединога нека бивају различна јела игуману. Овако како је речено треба давати и онима који су упали у болест и ради тога требају бољег јела и пића, на састав немоћна њихова тела. Ово ми, уосталом, изгледа разумно да и братија држе без саблазни.

Глава 30.

О ОНИМА КОЈИ СЛУЖЕ МАНАСТИРСКЕ СЛУЖБЕ, КАКО ИХ ТРЕБА ПОСТАВЉАТИ

Хиротоније служитеља треба да бивају после икономова произвођења, и постављати кључаре, узимајући кључеве и полагати пред Пресветом Богородицом или пред Христом. И пошто се каже Трисвето, онај који се производи нека долично и смерно учини три метаније пред светом Богородицом, и нека узме кључеве својим рукама, затим приклони свој врат игуману и од њега прими речени благослов. А који немају кључеве, целивају свету икону; игуманов печат довољан им је за произвођење.

Глава 31.

О ТОМЕ ДА ИГУМАН ТРЕБА ДА ПОУЧАВА БРАТИЈУ ДА НЕ ЧИНЕ МЕТЕЖ УСТАВШИ ОД ТРПЕЗЕ, НЕГО ДА ПОБОЖНО ИДУ У СВОЈЕ ЋЕЛИЈЕ

Такође нека надгледа игуман на појању у цркви, улажења у трпезарију, и нека чува братију на сваком месту, да и оне који заједно седе без разлога и воде празне разговоре или не раде братски поучава и исправља, наговоривши да иду у своје ћелије, и да чине молитву и ручни рад. А и трпезар треба да пази да у својој лености не постави на трпези нешто неисправно од хране на роптање браће, или да има неопране судове, или нешто труло, или да не дели свима једнако јело; ако се то догоди, нека му игуман изрекне епитимију.

Глава 32.

О ОНИМА КОЈИ РАБОТАЈУ МАНАСТИРУ

Постављени на коју службу, рецимо иконом, еклисијарх, параиконом и многи други који држе манастирске работе и врше их пажљиво, добро и часно, праведно је не смењивати их од својих послова. А оне од њих који се лене и никако се не брину, и који су непоштени међу њима, треба их смењивати и постављати друге. А ако неки од њих краде нешто, макар и мало, биће крив Господу нашем Исусу Христу и пречистој његовој Матери општој Наставници, од које су и примили кључеве, обећавајући да ће јој поштено и свесрдно служити.

Глава 33.

О КЉУЧАРИМА И ХЛЕБАРИМА И РИБАРИМА И О СТРАТОРУ И О ИКОНОМИМА МЕТОХИЈСКИМ

А молим кључаре и хлебаре и рибаре, и који се брину за мазге, и који су у метосима икономи манастирских имања, а шаљу се ван манастира или другде одлазе по заповести игумановој, и просто све који служе, да вршите свесрдно своје службе, као они који се отуда надају не малој користи. Исписменима биће свакако довољно као одбрана и пред Богом и пред нама: пажња и брига око службе; а оне који су писмени, па због службе не могу да врше своје молитвено служење нити да буду са братијом на богослужбеним скуповима, поучавамо да не буду малодушни и очајни од помисли да су изгубили корист, него нека су пре добродушни и радосни што их је Господ окрепио да послуже својој браћи, по подобију онога који рече: „Не дођох да ми служе, него да служим и положим душу моју ради избављења многих."[77] Видите, браћо моја, какво дело ви вршите, видите коме сте се уподобили. Видите да са љубављу прилазите глави свакога добра. Па што онда тужите и што сте утучени изоставши од богослужења? Зар не разумете да душу своју полажете за многе, као мој Владика Христос, да дате мир браћи вашој? Треба, дакле, да се радујете и да играте, јер бисте једва могли постићи више бавећи се молитвом, што делом свагда творите; блажени да сте због жалости и као ревнитељи у томе! Јер добра је молитва, и веома добра; она чини да беседимо са Богом и узноси нас са земље на небо. Али боља је и још виша – љубав; јер молитва је део врлине, и од свега савршенога у телу најсавршеније, као неки одсечак и уд, а љубав је глава и савршенство; она показује са њом спрегнуту смерност, која чини узвишеним, и милостињу и човекољубље, а ради њих чак Бог постаде човек и зове се Бог, и ради тога се човек указује Бог, небеском Оцу сличан. Због чега, дакле, оставивши ризницу свих ових добара и главу, трчите ка нижем и ка једној тековини? Треба они који су тако приспели ка глави, да се држе ње тврдо и све да чине да од ње не отпадну. Бојимо се, кажу, због изостанка од правила; али, не бојте се, јер чиста исповест надопуниће вам овај недостатак и испуниће праведно молитву, само нека нема лености ни недостатка –

тога се бојте, на то пазите! Ако ли тога нема, радујте се држећи се свесрдно службе. Који овако служе, довољно научени, сви у служењу биће као они који добро чине.

А ја ћу у слову изложити што ми је мало претекло.

Глава 34.

О ШИЉАЊУ НА ПРЕГЛЕДАЊЕ ИМАЊА

Пошто у нашој немоћи ходећи стекосмо и нешто мало имања, игуман и иконом треба да се брину и за њих, и да пазе колико је могуће, какови су они који се шаљу да се брину о њима, наиме побожни, него мудри и старци, ако је могуће, због стрелчевих нападаја.[78]

Глава 35.

КАКО ТРЕБА ПОЈАТИ ПАНИХИДЕ КТИТОРИМА

Довољно је, дакле, заповести о манастирским потребама, довољно и прикладно.

А о умрлим оцима нашим и братији примићемо овако. Светло и са свеноћним бденијем треба да славите успомену трисветога и увек помињанога оца нашега и ктитора кир Симеона монаха, која је месеца фебруара у 13. дан, који треба да празнујете светло и са појањем и свећама, и у вашем јелу и пићу. Уз то подајте хлеб и вино на врата, ко се намери у тај дан. И ово треба да знате, јер много пута догађа се ова успомена у време великог поста: ви појте пре поста, а увече на панихиди дати свој братији по свећу да поју држећи је над гробом.

О панихиди Настасијиној. На исти начин треба да појете и на дан успомене блаженопочивше Анастасије монахиње, некада бивше супруге његове, месеца јуна 21.

Глава 36.

О ПАНИХИДАМА СВЕТИХ ОТАЦА И БРАТИЈЕ НАШЕ ПОЧИВШИХ У МЕСТУ ОВОМ, И КОЈИ ЋЕ ТЕК ПОЧИНУТИ, КАКО ТРЕБА ПОЈАТИ ПАНИХИДЕ И ДРЖАТИ ПОМЕНЕ

И који после мене што достојно учинише и узаконише да се од нас помињу, нека бивају њихови годишњи помени, а такође и братије чија су имена написана у поменицима или ће се написати. А не само њима него и онима који су се тек преставили, свагда на сваком богослужењу јутрење и литургије и вечерње нека бива помен у молбама јектенија, то јест да се помиње до 40 дана му, у којима сваки дан и просфора нека се приноси за њега, са овима. А помене свакога од умрлих нека уписује еклисијарх, да их ви имате незаборавно и да се врше неизоставно. Али о овом треба и смотреније казати, јер се догађа, пошто се умножила умрла братија, много пута, да се у једној седмици стекну три или четири успомене или више, и биће свакако нужно да они који желе да чине свакоме од њих помен на панихидама, да изостављају одређене заповести у погледу панихида, које су вам обавезне у све дане, и да појете панихиду недавно умрломе. Да то не буде, заповедамо: ако би неки од братије хтели да иду и да поју за умрле, нека то чине, а други нека поју у параклитику прописану панихиду. Нека то буде и нека се врши, и угодно је нама, а чини нам се и Богу. Ако ли због зиме, по греху или немоћи, да не кажем и лености, нећете ово, гледајте да колико год сазнате успомена које су се стекле у једној истој седмици, све заједно једном панихидом да свршите за све, ако се не догоди помен неком игуману вашем. Њему припада засебан помен, јер сви треба тада да појете. И тако ћете свршавати братији вашој дужан помен и нећете отпадати од вашег канона, дајући га овако и у панихидама, и на литургијама за њих. И то је добро да свима заједно бивају помени, и да се за свакога приносе просфоре. Јер када је одређен законити јереј над гробовима, нека чини како му је угодно, јер му је то могуће. А на вратима оно што треба да се даје за неке, наиме што је неко принео или принесе достојно за нечији помен, као што је уговорио у манастиру, пошто је оставио или оставља за њихов спомен, заповедамо да се неизоставно даје. Диптихе пак заповедамо у Господу јерејима самим или ђаконима, Да на свакој литургији спомињу у диптисима записане, да сами не носите њихов грех зато што их не помињете и изостављате.

А речено је и о овом подобно.

Глава 37.

О ОНИМА КОЈИ СЕ ПОСТРИЗАВАЈУ

Треба рећи и о онима који се постризавају. Ако би то били неки славни или раније нама познати, и који поближе знају наш живот, нека се постризавају и у граници одређеног времена, уз вашу молитву нека се и он прими. Ако су обични и непознати људи, по истеку 7 дана од доласка овде нека се облаче у плашт и у монашки шлем, нека му се заповеде службе према његовим могућностима и нека се посматрају, да ли их са трпљењем и смиреношћу врше. Ако су такови, нека остану 6 месеци, тада нека се придруже браћи и нека се постризавају, и нека приме заруку божаственог и анђелског лика. Ако се случајно покажу несавитљиви, ропћући и мрзовољни према заповестима, игуман не треба да их прима. Уз ово се треба бринути и за монахе који долазе са стране; њих треба примати са испитивањем, а не треба их присиљавати да се нечег одричу или да нешто донесу. Јер не треба благодат Божју препродавати на дуг или продавати на добит, да не дође отуда каква срамота или укор на нас који смо се бадава постригли. И нека се не унесе ова зла и проклета реч: „моје" и „твоје", „веће" или „мање", мислити да је бољи онај који је донео од онога који није донео; то никада да не буде међу вама, никада! Ако би нам пострижник нешто донео, треба примити, јер ово је вољно и неприсилно, и вољно дело богољубља и милостиње. Чин имајте и доброчинства, и од Бога биће награда, на очишћење његових прегрешења, а уз то, уистину да кажемо, поклон приноси Богу и пречистој његовој Матери и Наставници. Јер друго је одрицање и приношење, а друго дар или давање милостиње или поклон. Јер дар отуда има као одговор наду и унапред полаже као неку куповину потребних за неке речене сагласности и светске куповине. А што је мираз у небеским надама и давањима садржан, онај који даје нека не мисли да има неку предност због тога над осталом братијом, већ има да буде раван са свима, по важећем закону манастира. Ако ли када искушан онај који је дао, што је веома несаветно, хоће да оде из манастира, и хтео би и даровано да однесе, не треба му то дати, ма шта то било. Јер што је једном даровано Богу не узима се; који узима – свештенокрадац је, а који чини крађу свештеног, следује му епитимија. Сви знају, ако и не кажемо. Ово је сад овако и овако држите.

Глава 38.

О ДАВАЊУ БРАТИЈИ НА ВРАТИМА

А оно што ће бити речено и што ви треба веома да чувате, не малу корист и спасење вама умножава. А шта је то? Давање на вратима и давање одмора и надгледање страних и немоћних, због којих сазидасмо и гостиницу, испросивши место од некога христољубивога, у којој ћемо и дати одмора страној браћи и немоћницима дати да леже, колико моћ допушта да се удостоје бриге. Наге и босе треба одевати и обувати старим вашим одећама и обућом, што нећете давати ви сами, јер то не дозвољавамо, већ игуман. А гладне треба хранити и души давати, као што рекосмо, већ узакоњеним хлебом и вином и сочивом неким, од претекле ваше хране. А ово треба да буде од ваше уздржљивости, а ако није могуће, а оно нека бар буде од сувишка; јер и Богу је мило ако је могуће.

А и умрле треба сахрањивати. Гробље за странце је ради њих подигнуто, да не би добијајући од вас мање, боље и потребније незбринуто имајући заборавили. А не треба сахрањивати просто и као случајно, него прво ви отпојавши погребне песме и друго достојно збринувши, и сасвим без изузетка, све најусрдније треба указивати чистоту према страној нашој браћи, да и ми чисту и богату милост за њих од Бога примимо.

Јер нећемо никога са врата наших празна да отпуштамо.

Глава 39.

О ПОУЦИ ИГУМАНУ И ИКОНОМУ И СВОЈ БРАТИЛИ, ДА НЕРАЗРУШНО ЧУВАЈУ СВЕ ШТО ЈЕ ЗАПОВЕЂЕНО У ОВОМ ТИПИКУ

И молим Господа ради све вас, браћо и чеда моја у Господу љубљена, да неразрушиво и непромењено у свему чувате што сам вам заповедио ја, ваш смерни отац, вољу моју и примљено и савет и заповест вама на корист и спасење душевно и учвршћење и умирење свију, па да кажем и мојега оца пред Господом похвалу и украс. Ради тога ово и сваки повод за саблазан по нашем знању је у овом типику, и заповедисмо јасно и непокривено постарасмо се изволети, да не би после нашег одласка, нашавши место (за што се молим, Владичице моја и Госпођо преславна Наставнице), непријатељ душа наших сотона поколебао вас од првог помисла, и своју прађку поставио и разбио оно што је многим знојем и са многим трудом на спасење душе од Бога добро утврђено, и све што се види красотом основано; где и после толиког нашег утврђења и колико је могуће тачности, знам да неће оскудевати зло, нити узрок зла, и развраћење од зле и безбожне звери, и криви узроци и нападаји. Но ви сви, просвећени Божијом благодаћу, знате његове замке и како треба да се од њих уклањате, а то знате из божаствених списа и непрестанога читања поука, и од самога искушавања, и од онога чему се сами у искушењу научисте. Станите против зла чврсто, имајући велику и неразориву помоћ Божију, топлим молитвама пренепорочне и пресвете Владичице наше Госпође Богородице, и светога и славнога мученика Полиевкта, и молитвама блаженога оца нашега Симеона. А приложићу, грешни, и своју молитву, да вас братски учи и да додајете што треба, који не зна од онога који то добро разуме, и нека се васпитава неваспитани и неразумни од разумног. И тако у Светом Духу и у љубави један од другога утврђивани и сврставани као у убојни ред, добро и духовно и спасоносно. Добро знам и уздам се у Христа истинитога Бога нашега и у његову пресвету Матер Богородицу, заступницу нашу и поборницу, да ћете се увек сачувати неповређени. И тако нашавши вас непријатељ наоружане и укрепљене посрамиће се, и узалуд и напразно зијајући постидеће се, и ништа не постигнувши биће далеко од вас одагнан, а ви се спасавајте и величајте се и мирни будите, и сви ће вам завидети због ваших добрих дела, и у часном животу да будете у све дане живота вашега.

Сетивши се још нечега, прекинућу реч.

Глава 40.

О БОЛНИЦИ И О БОЛНИЧАРИМА

Рекох напред нешто мало о болесној браћи нашој. Све је остављено игумановој вољи што се тиче бриге о њима. Јер треба и о њима више казати. Заповедамо да се за болне изабере ћелија која има облик болнице, и да се поставе постеље болнима за лежање и одмор, и да им се даје болничар да их двори у свему. Ако ли мојим гресима многи падну у болест, нека им се даду и два болничара, велика арула, то јест огњиште од меди сковано и преносиво, на коме ће се топити укроп за болне и друго што им је на утеху, по могућству, за јело и пиће и друге потребе. А игуман свагда, не ретко, нека долази у болницу и нека од свег срца посећује братију и нека доноси свакоме потребно. А братија наша болесна, нека се, уздајући се у ово, не распусте тражећи нешто сувишно и што никада нису ни чули, ни видели ни окусили, већ нека се уздрже и буду скромни, задовољни само са оним чему је време и што је могуће манастиру донети, то да им се донесе. Ако им и служите заповести ради коју смо заповедили, ипак не дозвољавамо да извољевају. Мислимо да живе смерно, као што приличи монасима, да и они приме награду за трпљење, а то је уздржавање од похота и туга од болова, да им заступник буде од Бога ради насладе. Нека вам буде!

Глава 41.

ДРУГА ПОУКА ИГУМАНУ И БРАТИЈИ

То је, дакле, колико нам је по вољи и доброугодно Богу и Наставници, и вама од потребе и на не малу корист, што ћете сада чувати неразрушно и непромењено на свагда. А то је: неизоставно вршити предану вам службу на свима скуповима, чувати веру и част која припада игуманима вашим, међусобно се љубити и старати се да сваки свакога надвисује у смерноумљу, саосећајући невољу један другога као удови једнога тела и попуњавати недостатке један другога. Не устремљавати се у завист ни на недоличну љубав или незаконито скупљање и расцепе, чувати се првих места и светских почасти. А само на једно пазити: по врлини живети и ништа друго; ако је могуће – дисати спасоносном речју, и свим што је на сазидање душе и на корист. Уз ово изгонити од вас извор свих зала, то јест љубав према новцу, а користити се оним што је манастирско, или којим другим начином, и остављати оставе и ризнице творити макар и до малога, што није заповедио игуман, нити је дозволио предани вам номоканон. Не само ово него или небригом или којим другим нехатом пуштати да нешто манастирско пропадне. Јер ово је равно првом и проузрокује исту кривицу пред Богом. Слободан говор сеците колико је могуће. И сажето да кажем: треба одгонити све што не води ка спасењу.

Немојте, о чеда и браћо, никада да поштујемо оно што шкоди, а да обилазимо оно што спасава, јер ништа није од преданога нама немоћно или да не може да исправља. Па ако би нешто од овога некима изгледало таково да је најслабије, ипак боримо се, претрпимо, поднесимо храбро, присилимо мало себе. Јер свет не оставимо ради одмора и раскоши, него ради старања и борбе по могућству, ради примања обећаних добара. „Присилимо, дакле, себе", као што је речено, „присилимо, јер у царство небеско продире се на силу, и они који се отимају о њега успевају да га уграбе."[79] Јер нико лењив није никада постигао победу, нити је ко год спавајући и сањајући победио свога ратног непријатеља; оних су победни венци који добро трче, који се труде, који се боре, који издрже трудове од борби. Кроз многе невоље, каже Господ, ваља вам ући у царство небеско.[80] Зато молим све вас, владајте се као што доликује позиву вашем[81], поставите телеса ваша света Господу, љубите се међусобно, добро трчите пред лежећу вам трку, што је добро, што Бог воли, то помишљајте. Што сте чули и научили, не одступајте то да чините.[82] Браћо, време је прекраћено[82а], сећајте се душа ваших и не заборављајте наше смерности у молитвама вашим!

Глава 42.

О ЋЕЛИЈИ КАРЕЈСКОЈ СВЕТОГА ОЦА САВЕ

А хоћу вашој љубави и ово да изречем, па штавише и заповест да додам.

Ја многогрешни и увек тром на подвизавања духовна бих у манастиру нашем свете Владичице и Богородице Наставнице наше, и да ли послужих, или потрудих се, или не мале туге примих, говорим по апостолу Павлу: „да ли у телу или осим тела – не знам, Бог зна"[83]; тако и ја о себи говорим: ако што и примих од тога реченога – не знам, Бог зна! Јер остадох у манастиру докле не сабрах ваше у Господу љубљено стадо, пошто је мојој немоћи не мало помогла Владичица наша и Госпођа Богородица и Наставница. „Мир вам" говорећи, као и Христос својим ученицима.[84] И помислих: када са вама у манастиру пребивах хотећи вас сабрати или послужити вам, и из љубави према вама заборављах своја премнога прегрешења што их учиних према Богу, и поразмислих у себи да већ треба да размислим и о својим сагрешењима. И изишавши начиних себи стан, који ће бити двојици или тројици, и црквицу подигох посвећену светом и преподобном пустиножитељу оцу Сави, чије име и ја недостојни имам. И начиних овај уставац, како треба да се владају они који хоће да живе у овој ћелијици. Те ову заповест дајем игуману и вама, да не постави онога који служи ради телесног одмора или опет неписменога, или онога који тргује у њој, него да се избира онај који хоће и жели да иде тесним путем и да уђе кроз уска врата.[85] Онога који испуњава овај устав, који написах, овде у овој ћелији, ако видите да није достојан кога оставих живећи у овој ћелијици ученика свога, послати треба на ово место онога кога видите да жели и љуби горњи спис, био он стар или млад; такав ће се наћи међу вама. И ово заповедам после мога одласка Господу, да не дате у оно место ништа, нити пак дозвољавам да узмете од њега нешто. Ако ли прекршите ову заповест, увредићете место оно, и нека вам је супарник на страшном суду преподобни Сава и ја смерни!

Глава 43.

О ЧИТАЊУ ОВОГА ТИПИКА СВАКОГА МЕСЕЦА И ИЗВРШАВАТИ ГА, И ПРОЧИТАТИ ГА НА ДАН УСПОМЕНЕ КТИТОРА

Заповедам вам да овај типик читате у почетку сваког месеца, за време вашег јела, ради сећања заповеђенога вам и на корист душа ваших. Тако будите! А ви у вашем спасењу усавршени, као они који сте добро сачували оно што сте примили од ваших отаца, и дајући мени награду за ово духовно поучавање и настављање у Господу. А Бог мира који нас је позвао у вечну његову славу због његове многе и неисказане доброте, нека вас усаврши и утврди у његовој светој вољи, због јединца Сина свога Господа и Бога и Спаса нашега Исуса Христа и пресветога и животворнога Духа, коме припада свака слава, част и клањање и велељепије, и сада и увек, и на векове векова. Амин!

СТУДЕНИЧКИ ТИПИК
(ИЗВОДИ)

† ОБРАЗНИК СВЕТОГА САВЕ СРПСКОГА
(...)

Глава 10.

Тако је сада у просте дане године, а у дане светих постова није тако. Пре свега: у прве велике посте, у први дан то јест понедељак прве недеље, нити појемо литургије, нити се бринемо за трпезу и јело, а у остале дане исте недеље треба се бринути и за трпезу и за јело, кушати хлеба и од сочива квашена или вареног воћа. А вина никако не пити. Тако до петка. А у петак да вам се даде одређена чаша и кољиво зобљемо ради празника светога и великога мученика Теодора. Ова прва света недеља великих постова нека вам овако остане. А у суботу и недељу ових светих постова два јела: вариво са уљем и ако се нађу хоботнице или икре, у та два дана да вам се предлажу. А за пиће обичним великим красовољем на обеду, а на вечери малим красовољем, половина великога. То нека бива вама (...) а у уторнике и четвртке нека вам се износе друга два варива, да вам се дају без уља, а пића по мало. А вина мерећи мале красовоље, што је половина великога. А у друге дане: то јест понедељак и у среду, кажем вам никако не окусити пића, него држати као и у прву недељу. Ако се у један од ових дана догоди празник Обретења главе Претече или Светих 40 мученика, осим прве недеље целе и опет осим среде и петка, нека вам је разрешено јести хоботнице и два јела са уљем, и вино са великим красовољем. Рибе никако не једемо. А када настане празник Благовести, нека се празнује светло по могућству, и рибе можете јести, и вино пити са великим красовољем, не једанпут, но и сутра, што остане од јучерашње трпезе треба да једете, такође и рибе, што имате на појутарје једите на оданије празника, такође и пијте са великим красовољем и два варива са уљем. Ако ли се случи у велику недељу, онда не кушамо рибе, него пијемо уље и вино, да се тиме утешимо ради празника, као и у остале отпусне дане, а рибе јести на овај свети празник као што је речено. Ако се догоди петак или среда и понедељак или велика недеља, тада једемо октоподе, да се ипак утолимо због празника. Ако ли се случи у Велики петак, онда не једемо уља нити пијемо вина. А у свету и Велику суботу, па и Велики четвртак, то као и у отпусне дане нека вам буде у јелу и вину, а на Велики петак не једите никаква варива, него сочиво квашено и зеље неко сирово, и воће, а пиће укроп са кимином. А у свету суботу нека одступа свака брига око скупљања на јело, него после литургије пред црквом да се даде помало хлеба и вина по чаша. Ако ли се празник не догоди велике недеље, онда и сву ову недељу држимо као и прву недељу, осим у четвртак једемо уље и вино пијемо. Овакав имајте начин живота у свете велике постове, а за немоћне бригу налажем игуману по вољи.

А пост Светих апостола изложићемо овде. По свршетку све службе часова и божаствене литургије, како синаксар указује, када настане 7. час, зове нас трпеза. У уторак и четвртак једемо двапут са уљем и пијемо вино; а у понедељак и у среду и у петак једемо једанпут, а не једемо с уљем, нити пијемо вина. А у суботу и недељу и рибу једемо, и све предложено нам, и вино пијемо.

На Рођење Христово нека вам буде исто као и у пост Светих апостола у јелу и у пићу, као што онамо указасмо.

А ово нека је знано у пост Рођења Христова: ако се не случи „Бог Господ", онда и у уторак и у четвртак да једемо једанпут због краткоће дана. А једемо уље и пијемо вино у те дане. А заповедам вам да среду и петак чувате не само у постове него и у све дане током године, да уља не једете и једанпут на дан да једете, осим од Пасхе до Педесетнице да вам буде разрешено у уљу и у вину и два пут дневно јело, и од Рођења до Крштења Христова. О свему томе остављамо да расуди игуман: ако он кога разреши, нека буде разрешен.

Глава 11.

КАКО ТРЕБА ПРАЗНОВАТИ ГОСПОДЊЕ ПРАЗНИКЕ И ПРЕСВЕТЕ БОГОРОДИЦЕ

Сви божаствени Господњи празници, као и пресвете Владичице Богородице Добротворке наше, нека се празнују изнад других, и то у појању и у сјају и у вашем јелу. А празник Преставлење њено, које зовемо Успеније, нека се светло празнује од вас, светло и свечано, јер је празник над празницима и славље над слављима.

Тога дана заповедам да дате и на вратима, колико можемо и колико може наша рука.

Нека је доста ово речено о овом, а споменућемо и о другим стварима.

Глава 12.

О СЛОБОДИ МАНАСТИРА

Заповедам свима вама од Господа Бога Сведржитеља да овај свети манастир буде слободан од свих ту владајућих, да не буде ни под ким, него под једином прослављеном Богородицом Добротворком и молитвама преподобнога оца нашега и ктитора и онога који игуманује. А чувати и исправљати и управљати и владати овим светим манастиром и са игуманом полажем га на онога који влада овом земљом, на великога краља који буде у своје време, да има осветитеља против онога који хоће да повреди коју год манастирску правду. Јер заповедам вам да према овом имате велику почаст и да се молите за њега и да има велики помен као место имена самога ктитора. А ви и овај свети манастир да не буде порабоћен никојом влашћу и ни од кога потворен, свакако непреклоњен и неизмењен да имате. Ако ли ко усхте некада, у неко време да од манастира узме или од црквенога, од светих икона или часних сасуда или завеса или књига, било од манастирских села или Влахе или у стоци или у којој год ствари да узме ко одељивати од манастира, било онај који влада овом земљом или ко од других који су под њим, или епископ или и сам игуман, или у њему братија, искушењем демонским покренут да учини таково што: везујемо овога силом Оца и Сина и Светога Духа и проклињемо да не буде причастан светоме телу и крви Господа Бога. Трипут је он јадан и трипут проклет, ма ко био, ко погази слободу и ништа не помисли. Ко би тако нешто учинио, како да неће после бити кривац? Нека ово буде на тај начин прописано.

Глава 13.

О ПОСТАВЉАЊУ ИГУМАНА, КАКО ТРЕБА ПОСТАВИТИ ИГУМАНА

А треба у осталом подсетити вашу љубав и о постављењу игумана неизмењено и неприступно. Ако хоћете да поставите игумана, овако указујемо, јер овај наш свети манастир пресвете Владичице наше Госпође Богородице Добротворке би одликован од благовернога и христољубивога краља, блаженога оца нашега и ктитора господина Симеона да је у броју игуманских манастира, и овај игуман да је виши од свију игумана и да се назива први. А када треба овај да се постави, овако да бива: да се скупе иконом и еклисијарх са најстаријом братијом, и да иду к самодржавном господину све српске земље, и да му молбу узашљу, да дође у овај манастир. И да узме са собом епископа и игумане Светога Ђурђа у Расу и Свете Богородице Градачке и Светога Николе у Топлици и другога Николе у Казновићима и другога Светога Николе у Дабру и Светога Георгија у Дабру, и када дође са овима, да скупља иконома и еклисијарха овога места и друге старце који су подобни у савет. И када владар уђе у цркву и ови сви са њим, да учине савет и да изаберу преподобна мужа, који ће бити архимандрит међу овима игуманима и пастир овоме стаду.

А овако да бива његово постављење: када приспе време свете службе, нека се облачи епископ светитељ и са свима тим игуманима и са другим часним јерејима, и да приведу онога који ће бити пастир у овом светом месту. И поставивши га пред собом епископ са свима тим игуманима да га сви виде, а ту је још и владар, и са благословом нека га облачи епископ у свете ризе по реду, као што приличи. И свету набедреницу сам епископ са благословом да му веша на лево бедро. Јер овим начином овај архимандрит да служи и свете службе. И пошто уђе он ту са епископом и са игуманима, и пошто сврше свету литургију, и пошто буде положено свето јеванђеље на светој трпези, жезао пред Пресветом, и рекавши Трисвето и тропар „Помилуј нас, Господе, помилуј нас"; други: „Господе, погледај с неба и види", и рекавши тропар и кондак Успенију свете Богородице, и даје се од светитеља и од свију игумана постављеноме свето јеванђеље. И воде га пред двери. И прилази државни господин све српске земље и узима га за руку од светих двери и приводи га ка Пресветој, и узевши жезао као и од руке саме Пресвете и даје га игуману, и одвевши поставља га на игуманском месту и каже му: „Достојан." И ту одмах сви углас кажу трипут: „Достојан." И целива га прво владар, потом епископ, потом остали часни старци по реду, и поју кондак Златоустоме, гласа 4: „Са неба победу прими", и потом јектенија и отпуст. И потом се слави владар и потом постављени архимандрит. Јер ради овога заповедамо самом владару све српске земље да долазећи поставља овога архимандрита, што тога поставља и господина и ктитора уместо себе, да буде осветитељ и чувар овога светога манастира, и просто речено, да има да бди над овим светим местом. Тако пак пресвета Владичица Госпођа Богородица Добротворка да му наплати овде његовој владавини и у други долазак Христов. Јер овде нема нико власти, ни епископ, ни други ко.

Ову заповест дајем вам од Господа Бога и Спаса нашега Исуса Христа и од пресвете Владичице наше Госпође Богородице Добротворке, да не буде игуман овде постављен по неком наговору или по давању награде, а да не буде достојан. И опет: да се не избаци постављени овде, осим ако не буде имао неку велику кривицу и укорен пред свима и да се не може исправити или да се због тога не може покајати.

Треба даље указати и о оделу братије. Да се скупља одело кроз целу годину, а када дође Филипов дан, да сабира игуман и иконом сву братију и да раздели одело по реду, према степену старешинства. А ово да им се даје на годину: раса, кожух, постеље довољно и клашње, мантија, ако се коме раздерала, за сандале, по 50 аспри. А старе расе и обућу не враћамо у манастир, а друго одело, ако игуман не прими старо, да не даје новога. А црковницима да се даје ради свеће по 2 златице и благослов ктиторов, да се даје јерејима на годину по 6 златица.

(...)

Глава 35.

КАКО ТРЕБА ПОЈАТИ ПАНИХИДЕ КТИТОРИМА

Довољно је, дакле, заповести о манастирским потребама, довољно и прикладно.

А о умрлим оцима нашим и братији примићемо овако. Светло и са свеноћним бденијем треба да славите успомену трисветога и увек помињанога оца нашега и ктитора кир Симеона монаха, која је месеца фебруара у 13. дан, који треба да празнујете светлим појањем и свећама и јелом и пићем до обилног. А још и на врата треба дати и јела и пића ко се деси на тај дан. А ово заповедамо игуманима, да пред овај празник шаље и на дунавску страну и на зетску и да купује рибу, и да буде обилно на празник преподобног оца нашега и ктитора господина Симеона. А још на спомен ту позивати владара ове земље и остале игумане. И ово треба да знате, јер много пута догађа се овај празник у велике постове. Ако падне овај празник у велике постове, заповедамо да се празнује пре поста. А увече на панихиди дати свој братији по свећу да поју држећи је над гробом.

О панихиди Настасијиној. На исти начин треба да појете и на дан успомене блаженопочивше Анастасије монахиње, некада бивше супруге његове, месеца јуна 21.

(…)

ЖИТИЈЕ СВЕТОГА СИМЕОНА НЕМАЊЕ

О НАСЛЕЂУ СВЕТОГА МАНАСТИРА ОВОГ ПРЕПОДОБНИМ ОЦЕМ НАШИМ И КТИТОРОМ ГОСПОДИНОМ СИМЕОНОМ И О ЖИТИЈУ ЊЕГОВУ КАКВО БИ ПРЕД БОГОМ И ЉУДИМА

Оче, благослови!

Наш свети манастир овај, као што знате, било је ово место као пусто ловиште зверова. Када је дошао у лов господин наш и самодржац, Стефан Немања, који је царовао свом српском земљом, и када је он ловио овде, изволи му се да овде, у овом пустом месту, сагради манастир овај на покој и умножење монашког чина. Јер нека је знано свима нама и другима, да Бог, који твори људима на боље, не хотећи људске пропасти, постави овога ваистину триблаженога господина нам и оца, овога самодржавнога господина, нареченога Стефана Немању, да царује свом српском земљом. И пошто је обновио очеву дедовину и још више утврдио Божјом помоћу и својом мудрошћу даном му од Бога, и подиже пропалу своју дедовину и придоби од поморске земље Зету са градовима, а од Рабна оба Пилота, а од грчке земље Патково, све Хвосно и Подримље, Кострц, Дршковину, Ситницу, Лаб, Липљан, Глбочицу, Реке, Ушку и Поморавље, Заграту, Левче, Белицу. То све мудрошћу и трудом својим ово придоби што му је припадало од српске земље, а одузето му некада насиљем од своје дедовине. И уз помоћ Божју владавина његова примила је одасвуд мир и тишину, јер овај ваистину диван и страшан постаде свима који живе око њега, пошто је владавина његова била 37 година сачувана и цела и ни од кога повређена.

Јер како ћемо овога назвати? Владарем ли, а уз то и учитељем? Јер утврди и уразуми срца свију и научи нас како правоверни хришћани треба да држе праву веру у Бога. Прво на себи благоверност показа, а потом друге научи, цркве освети, манастире сазда, светитеље у сласт слушајући, јереје штујући, а према монасима гајећи велику смерност и љубав, безнадежним нада, убогим заступник, ништима хранитељ, наге у свој дом уводећи одеваше их, сирочад нахрани, удовице оправда, слепим и хромим и немоћним и глухим и немим ваистину мати постаде. И просто рећи: све своје имање у зајам издаде, јер постаде други Авраам страноприимац, земаљски анђео, небески човек. „Стога га и Бог преузнесе и дарова му име које је изнад свакога имена"[1], имену његову поклонише се сви народи.

Сам сазда манастире: прво у Топлици светога оца Николе, и други тамо Свету Богородицу у Топлици; потом опет сазда манастир Светог Георгија у Расу. И свима тим манастирима сатвори управу као што треба. А после тих овај наш свети манастир сазда, који и посвети имену пресвете Владичице наше Богородице Добротворке, саздавши од мала и до велика, и села предаде манастиру заједно са другим правима манастиру, иконама и часним сасудима и књигама и ризама и завесама, и што је писано у златопечатној повељи његовој, а још је и у цркви написано на зиду, и са клетвом и са везом да нико не измени његова предања, као што слушате и у овим књигама напред о томе реч.

Божјом помоћу и својим трудом то све стече. И када је владавина његова уз Божје садејство добила мир и тишину одасвуд, усхте и сатвори себи пријатељем великога цара грчкога, Богом венчанога кир Алексу Комнена, и узе његову кћер за благороднога и љубљенога сина Стефана, кога и одреди да му буде намесник. А овај благоверни и христољубиви господин, пречасни старац, подвизаваше се да се у дан страшнога суда приброји у неки број са онима који су угодни Богу, и како би којим добрим делима добио оно рајско и неисказано насеље, нарочито жељаше како би му било могуће да прими анђелски и апостолски образ. И подвизаваше се да журно последује речима Владике: „Узмите јарам мој на се, јер сам кротак и смеран срцем, и наћи ћете покој душама вашим: јарам је мој благ и бреме моје лако."[2] Јер каже Писмо: „А љубав Божја привезана је у вернима."[3] А за овог блаженог старца сигурно се привеза ка вери његовој речено: „Ко љуби оца или матер више него мене, није мене достојан, и ко не узме крста свога и за мном не иде, није ми подобан."[4] „Јер сваки који остави дом или њиве или имање или жену или децу или браћу или оца или матер имена мога ради, примиће стоструко и наследиће вечни живот."[5] Богољубни отац наш и ктитор желећи примити живот вечни, молбе узашиљаше ка премилостивом Владици, да га не лиши жеље.

Прошло је много времена, пошто је сачувао државу 37 година у моћи и снази непобедно и неповређено са свих страна, и благородна деца његова била су подигнута у благоверности и чистоти.

О владавини његовој и држави његовој не исписасмо по реду, што слушасмо и видесмо, да се не умноже речи. Јер сам Бог зна, а ни од људи није скривено колики је био његов подвиг за нас и за људска незнања, овога блаженога мужа, господина нам и учитеља, који има Соломонову премудрост, Давидову кротост, Јосифову добру нарав; свима диван и страшан владар владарима и господар господарима, и просто рећи други му неће бити раван. Зато ћу о овом укратко изложити, да се не умножи писање.

Када је навршио 37 година у држави својој, премилостиви Владика не презре мољења његова, којим је уздисао из дубине срца, но милосрдан и трудопримац и наградитељ – хоће да се сви спасу.[6] Јер када је дошло време, овај прозорљиви муж сву славу и част овога света сматраше као ништа, и красота овога света изгледаше му као и дим, а Христова љубав растијаше у њему и разараше срце његово као дом спремљен му и пречисти сасуд његову Светом Духу, пошто се неким усељењем у његов ум уселио Христос и водио га.

И тако, пославши, скупи своју благородну децу и све изабране своје бољаре, мале и велике, и скупивши их ка себи, поче им говорити учећи:

– Чеда моја вазљубљена и од мене отхрањена, ево знано је свима вама, како Бог својим промислом постави мене да владам над вама, и какву озлобљену земљу нашу примих у почетку, и помоћу Божјом и пресвете Владичице наше Богородице, колику моћ имађах, не обленних се нити покоја дадох себи, докле све не поправих. И Божјом помоћу додадох вам у дужину и ширину, што је знано свима. А све вас, као и своју децу, отхраних, све до сада, и научих вас да се држите вере правоверне. „А многи иноплеменици устадоше на ме и опколише ме као и пчеле сат, но именом Господњим противљах им се и одолех њима."[7] Зато и ви, чеда моја вазљубљена, не заборављајте учења свога и правоверкога закона, који сам ја установио. Јер, држећи ово, имаћете Бога као помоћника себи и пресвету Госпођу Богородицу, и моју, иако грешну, молитву. А мене сада отпустите, владара свога с миром, да виде очи моје спасење, које је спремио пред лицем свију, светлост за откриће народима и у славу[8] вама, пастви мојој. Јер видимо како је

"све људско што после смрти не остаје, сујета;
неће остати богатство, нити ће сићи слава,
јер када смрт дође, све ово ће уништити".

Зато се узалуд метемо:

"кратак је пут којим течемо,
живот наш је дим, пара, земља и прах;
за мало се јавља, а убрзо нестаје".

Зато је све ваистину сујета.[9] Јер

"овај живот је сенка и сан,
јер сваки земаљски мете се ни за што,
као што рекоше Књиге:
када и сав свет стечемо,
тада ћемо се у гроб уселити,
где су заједно цареви и убоги".

Зато, чеда моја љубљена, пустите ме брзо, да идем видети утехе Израиљеве.[10]

Овим поукама поучи их добри господин и добри пастир. А ови сви много су ридали и говорили му:

– Не остављај нас сироте, господине, јер ти нас освети и ти нас научи и ти нас просвети, пастиру добри, који полажеш душу своју за овце[11], јер никада у твоје дане вук не украби овцу од Богом преданога ти стада паств! И у свих 38 твојих година бисмо сачувани и отхрањени, и другога господина и оца не познасмо осим тебе, господару наш!

А он, блажени старац, посаветова их премудрим речима као отац да престану са ридањем и сузама; а Божјом вољом изабра благородног и љубљенога сина, Стефана Немању, зета боговенчанога кир Алексија, цара грчкога, и овога им предаде говорећи:

– Овога имајте у место мене, добри корен који је изишао из моје утробе, и овога постављам на престо Христом дароване ми владавине!

И сам га венча и благослови га изванредно, као што благослови Исак Јакова, сина свога, сваким благословом[12], и поче га учити да напредује у сваком добром делу у својој владавини, и да буде доброга срца према хришћанском свету, који му предаде, Богом пасену од њега паству, говорећи му:

– Чедо моје љубљено, паси овај мој Израиљ, и пази на њега, водећи га као јагње Јосиф!

Заповедаше му да се о црквама брине и о онима који служе у њима, светитеље у сласт да слуша, и црквене слуге, и јереје да поштује, и над црнорисцима да бди, „да би се молили за тебе, и да ни у чем не будеш зазоран пред Богом и људима". И другога свога благородног и љубљенога сина, кнеза Вукана, благослови и постави га за великога кнеза, и одели му довољно земље, и даде и њему заповести дане овоме. И постави их добри отац обојицу преда се, и говораше им:

– „Синови, не заборављајте мојих закона, а срце ваше нека чува речи моје, јер дужина живљења и године живота и света додаће вам се. Милостиње и вера нека вас не остављају, привежите их о свој врат и напишите на таблици срдаца својих, и наћи ћете благодат. И помишљајте добро пред Богом и људима. Уздајте се свим срцем у Бога, а својом премудрошћу не величајте се. На свима путевима својим знајте да прави буду путеви ваши и ноге ваше неће се спотицати. Не будите мудри за себе, а бојте се Господа и уклоните се од свакога зла; тада ће тело ваше имати исцељење и кости ваше одмор. Поштујте Господа од својих праведних трудова и дајите му првине од својих плодова праведних, да би се испуниле житнице ваше мноштвом пшенице, а пивнице ваше да би вино точиле. Синови, не губите снаге у казни Господњој, нити клоните обличавани од њега. Јер кога љуби Господ, онога кара, и бије свакога сина, кога прима. Блажен је човек који је нашао премудрост и онај смртни који је видео разум. Јер боље је њу куповати, него ризнице злата и сребра; скупља је од драгоценога камења; не противи јој се ништа лукаво, а слатка је свима који јој се приближују. Свака друга драгоценост недостојна је, јер дужина живота и године живота су у њеној десници, а у левици њеној је богатство и слава. Из уста њених излази правда, а закон и милост носи на језику. Путеви њени су путеви добри, и све стазе су у миру. Дрво је живота свима који се држе ње и који се ослањају на њу, као на Господа тврда."[13] Јер ја вам дајем ову заповед: да љубите брат брата, не имајући међу собом никакве злобе. Овоме, као и од Бога и од мене посађеном на престолу моме, ти се покоравај и буди му послушан. А ти опет владајући не вређај брата свога, но имај га у почасти. „Јер ко не љуби брата свога, Бога не љуби. Бог је љубав. Зато ко љуби Бога, нека љуби и брата свога."[14] Јер о овом сав закон апостоли научише, мученици венчани бише и пророци висе.[15] „Зато ако хоћете и послушате мене, добра земаљска уживаћете; ако ли нећете и не послушате ме, оружје ће вас појести."[16] А вама, синови моји љубљени, нека вам буде мир од Господа Бога и Спаса нашега Исуса Христа и Дух Божји нека почива на вама, крепећи и покривајући вас од свију видљивих и невидљивих непријатеља и водећи вас у миран пут.

Мир буди вама, властело моја и бољари! Мир буди и вама млађи, које вас отхраних од рођења матера ваших! Мир буди вама свима, стадо Христово духовно, које ми Бог предаде, и напасавши вас сачувах неповређене, као добар пастир душу своју полажући за вас.[17] Зато вас молим, чеда моја љубљена, богати и убоги, стари и млади, држите упутство моје, оца вашега. „Бога се бојте, цара поштујте"[18], просвећујући цркве, да и оне вас просвете, епископе слушајући, јереје имајући у част и према монашком чину имајући смерност, да се моле за вас. А ви међу собом правду и љубав имајући, не заборављајте милостиње. И „благодат Господа нашега Исуса Христа и љубав Бога и Оца и заједница Светога Духа нека буде са свима вама. Амин". [19]

И после овога, као што и раније писасмо, предаде им да међу њима царује вазљубљени син његов Стефан Немања, и уклони се од народа. А они плакаху и ридаху, гледајући како се растају од таквог господина и пастира. И тако плакаху и ридаху, као што се

„чуо и глас у Рами:
Рахиља оплакује децу своју
и не може да се утеши!"[20]

Ваистину у недоумици сам како да га назовем. Да ли господином добрим? Да ли учитељем праве вере? Оцем благим? Пастиром, који вером напаса предано му стадо? Просветитељем цркава и учитељем добрих обичаја и који вазда пребива у молитвама? Да ли преизобилним служитељем и љубитељем ништих? Да ли наставником праве вере и учитељем добре вере и чистоте, светилом васељене? Да ли наставником пуним вере и узором кротости и поста? Да ли наставником премудрости и смислодавцем и укротитељем несмислених? Да ли чуваром стада свога и премудрим бранитељем свију оних који живе око њега? Јер ваистину ово све догоди се на њему. „Јер беше пун премудрости и разума, и благодат Божја беше на њему."[21]

А после свега овога учини да свима буде јављено дело овога премудрога и дивнога мужа, и благословивши свет свој, остави од Бога дану му владавину и све много своје изванредно и различно, пошто се Богу тако изволело и пресветој Владичици Богородици да му неизрециву и свету жудњу засити. Раздавши све своје имање ништима, изиђе од владавине своје и деце своје и жене своје, богоданога првога венца, јер овај не постаде учесник другога брака, но учини себе заједничарем неисказанога и часнога и светоанђелскога и апостолскога образа, малога и великога, и би му наречено име господин Симеон, месеца марта 25, на Свето Благовештење године 6703 (1195). У исти дан и богодана му жена, која је била госпођа свој српско ј земљи, Ана, и она прими овај свети образ, и би јој наречено име госпођа Анастасија.

Када је ово било свршено, отац наш господин дође у наш манастир, који и сазда, Свету Богородицу Добротворку, а госпођа Анастасија оде ка Светој Богородици у Рас. А овај предивни блажени отац наш и ктитор, господин Симеон, пребиваше међу нама у свакој благоверности и чистоти, преуспевајући и учећи све духовним подвигом, говорећи нама који смо око њега: „Узмите јарам мој на се и научите се од мене да сам кротак и смеран срцем, и наћи ћете покој душама вашим. Јер јарам мој је благ, и бреме моје је лако."[22] Јер ваистину отац наш господин Симеон сатвори писано у јеванђељу, продаде све што имађаше и купи једини бисер бесцени[23], Христа, ради кога све учини, и уподоби се заповести ономе младићу, што му Спас заповедивши рече: „Ако хоћеш да будеш спасен, иди и раздај све своје имање ништима, и узевши крст пођи за мном."[24] Блажени овај старац све ово испунивши, остаде у овом нашем манастиру две године, и умножи стадо Христово монашкога чина. И зажеле на виши духовни степен узићи, видевши како Свето писмо каже: „Уклоните се од места својих и рођења свога, јер ниједан пророк није примљен у својем отачаству."[25]

Зато и богољубиви господин Симеон зажеле опет отуда да изиђе и странствује, да собом испуни све речено, и нађе реч која каже:

„Они који се уздају у Господа
уподобише се Гори Светој,
што се никада неће поколебати
непријатељским напастима."

Јер тако зажеле изићи прво ради светога места, а друго ћу вам укратко казати.

Овај блажени господин наш Симеон имађаше три сина. Један најмлађи – не могу га назвати сином, већ робом – кога љубљаше изнад свих, а и овај му неодступно работаше. Јер овај као млађи међу својом браћом и најмлађи, и, просто рећи, видевши немоћ своје природе и умножење грехова својих, учини као и блудни син, оставивши доброга оца и господина, и блажену матер госпођу своју, и благородну, нећу казати браћу, већ господаре своје, и обнажи све безумљем својим. И отиде у туђу страну далеко, хранећи се са свињама, и не насићаваше се њихове хране, мртав би и не оживе, изгубљен беше, и не нађе се.[26] Јер ради овога блажени отац господин Симеон зажеле ићи у Свету Гору, да као пастир добри потражи одбегло јагње, и да га узевши на раме принесе ка Оцу своме и ка својој вољи, и да од Бога добије награду ради устрањења од својих, да испуни другу жељу срца свога и да нађе љубљено и заблудело јагње своје. И разгоревши се Духом мољаше се Богу, говорећи:

„Цару славе, једини бесмртни, Оче неба и крепости, и који промислом своје доброте нећеш да погине ниједан човек, него да се сви спасу[27], не остави мене да погинем! Јер знам да је велика милост твоја на мени и сада те, Владико, молим, дај ми да скончам ову трку!"

И ово рекавши посла по богодаровне му синове. Када су се они састали са свом властелом и бољарима, и опет по други пут давши им благослов, отиде одатле у Свету Гору, месеца октобра 8. дан, године 6706 (1197). А господину сину своме, који је остао у богоданој му области, заповеди да се брине о свему заповеђеном и о овом нашем манастиру, и да се труди о даљем напретку његову. А блажени отац наш и ктитор господин Симеон, одлазећи постави игумана овом светом месту, изабравши преподобна мужа, по имену Дионисија јеромонаха, и предаде му да се брине и да снабдева стадо Христово, које је у овом светом месту.

А он, блажени, дође у Свету Гору месеца новембра 2. дан. Богоносни и преподобни оци, који живљаху у Светој Гори, примише га с радошћу и с великом почашћу. Прво се усели у манастир Ватопед, јер ту и нађе жељено, заблудело своје јагње; и целовавши га и узевши га на своје раме, како доликоваше, и постави га себи у службу.

И оставши ту мало времена, овај блажени хтеде да као што и овде оправда царство своје, тако и тамо зажеле да нађе место спасења свима који долазе одасвуд. И измоли у цара кир Алексе, пријатеља свога, пусто место ради устројења манастира у Светој Гори. И узе мене грешнога из Ватопеда у место то, и уселисмо се. И преподобни отац наш остаде са мном у Светој Гори годину и пет месеци. Ко може исказати подвиге и трудове овога блаженога? Јер, ваистину, сви који су живели у околним крајевима, дивљаху му се, гледајући на њему неисказана Божја сахођења, и долажаху к њему на благослов. И ту се преосвећени и богобојажљиви и христољубиви и црнорисци и цео освећени клир Свете Горе не раздвајаху од њега, дивећи се толикој смерности и примеру кротости и учитељу поста и последнику учења светих јеванђеља, према реченом: „Ко хоће да буде старији, нека буде млађи од свију и свима слуга"[28]; и „ако не будете незлобиви као деца, нећете ући у царство небеско".[29]

И опет: „Блажени су ништи духом, јер је таквих царство небеско."[30] „Блажени су који овде плачу, јер ће се тамо смејати."[31] „Блажени су кротки овде, јер ће тамо бити наследници царства небеског. Блажени су гладни и жедни овде, јер ће се тамо наситити. Блажени су милостиви овде, јер ће тамо бити помиловани. Блажени су чисти срцем, јер ће вазда Бога гледати"[32] и друго остало. Јер блажени отац наш и ктитор, господин Симеон, постаде извршитељ свега овога, и није био зазоран ни у којем добром обичају, но прими спасење са онима који живе Христа ради.

И стиже на ливаду мира, међу дрвета красна узрастом и плодовима, на којима поју слатке птице, где слушавши и поживе мирним и неметежним и богоугодним животом, укоренивши се добро у правој вери и светло сијајући, стојаше као дивно дрво у добром пристаништу, то јест Светој Гори. А посред ове нађе некога жељенога монаха као слаткогласну птицу и пустинољубну грлицу, милу утеху христољубиву старцу, и некада од њега отхрањено јагње, изданак од плода његова и цвет од корена његова, а ту је и добри мирис. Јер, ваистину, зажеле и почину на ливади красној, на којој појаше птица мењајући гласове, и насићиваше се са пет премудрих чула: гледањем, слушањем, мирисом, гласањем и додиром птице. Јер изиђе из отачаства свога на ону свету ливаду, то јест у Свету Гору, и нађе некадашњи манастир, то јест Милеје, Ваведење свете и преславне Владичице Богородице, разваљен сасвим од безбожних ратника. И други већи подвиг узе и потруди старост своју, и мене, ако и недостојна, кога је имао код себе где му работа. Као што овде обнови и устроји све, тако и то свето место подиже, да нас ни тамо не лиши обновљења и помена и уточишта.

И скупивши ту довољно монаха, постави некога преподобнога мужа по имену Методија монаха. И управивши све што је на довољство манастиру и онима који живе у њему, остаде ту осам месеци, вршећи подвиге и неисказана духовна дела, која не може исказати ум човечји. Јер не само ту у манастир свој, него и у свој тој Светој Гори и свима ту манастирима даде преизобилне милостиње, на помен себи и свему своме наследству.

У 7. дан месеца фебруара поче часна старост његова нешто мало слабити. И ту одмах блажени старац господин Симеон позва мене недостојнога и у сваком погледу умањенога, и поче ми са тихошћу говорити свете и часне и слатке речи:

– Чедо моје слатко и утехо старости моје, „сине, слушај моје речи, приклони ухо своје ка мојим речима и нека не пресахну источници живота твога, сачувај их у своме срцу. Јер су живот свима који их налазе. Сваким чувањем чувај срце своје, јер од њих су исходишта живота. Уклони од себе оштра уста и увредљиве усне далеко од себе одбаци. Очи твоје нека право гледају и веђе твоје да мигом указују на оно што је праведно. Право ходи ногама својима и испољавај путеве своје. Не скрећи ни десно ни лево, јер путеве који су десно зна Бог, а они с лева су развраћени. А ти учи оно што је право, а хођење твоје у миру да буде. Сине, пази на моју премудрост, ка мојим речима прилажи твоје ухо, да сачуваш моју мисао добру, а осећај усана мојих казујем ти".[33] „Чувај, сине, закон оца твога, не одбаци карања матере твоје."[34] „Сине мој, послушај ме сада и бићеш блажен, јер блажен је муж који ме послуша и човек који сачува путеве моје. Не мешај се са безумнима. Тражи премудрости, да поживиш. Исправи сведочанства у разум.

Јер онај који кори зле примиће себи досаду, а онај који обличава нечастивога, порећи ће себе. Не обличавај зле, да те не омрзну. Обличавај премудрога, и заволеће те. Укажи премудроме на кривицу и биће мудрији, а праведнику поуку и наставиће да је прима. Почетак премудрости је бојазан Господња и савет светих је разум, а разумевати закон добра је мисао. Јер оваким добрим обичајем много ћеш поживети и продужиће ти се године живота."[35]

И подигавши руке своје блажени, положи их на врат мој грешни, и поче плакати жалосно, и слатко целовање дарујући ми поче говорити:

– Чедо моје вазљубљено, светлости очију мојих, и утехо и чувару старости моје! Ево већ приспе време нашега растанка; ево ме већ отпушта Владика с миром, по речи његовој, да се испуни речено: „Земља си и у исту земљу ћеш поћи."[36] А ти, чедо, не тугуј гледајући моје разлучење, јер ова је чаша свима заједничка. Јер ако се овде растајемо, тамо ћемо се опет састати, где више нема растанка.

И подигавши своје пречасне руке и положивши их на главу моју, говораше:

– Благосиљајући, благосиљам те! Господ Бог благословен и поспешиће спасење твоје, и нека ти место земаљскога даде благодат и милост и царство небеско, и нека исправи пут течења твога, којим раније од мене потече, имајући нераздвојну са собом, овде и тамо, моју иако грешну молитву!

А ја павши ничице на његове пречисте ноге, са сузама говорах:

– Многих и великих дарова насладих се од тебе, блажени господине мој, Симеоне! Заборавих све, ја јадни и неблагодетни, помешах се са несмисленом стоком и уподобих се њима, бивајући убог добрим делима, а богат страстима, пун срама, лишен слободе у Бога, осуђени од Бога, оплакани од анђела, на смех бивајући бесима, обличаван од своје савести, злим делима својим посрамљен. И пре смрти мртав сам, и пре суда сам себе осуђујем, пре бесконачне муке сам себе мучим очајањем. Због тога, припадам ка пречасним ногама твојим клањајући се, не бих ли ја, неисправљени, због твојих пречасних молитава, неко мало олакшање добио у страшни онај долазак Господа нашега Исуса Христа!

А када је дошао 8. дан тога месеца, рече к мени:

– Чедо моје, пошљи ми по оца духовнога и по све часне старце Свете Горе, да дођу к мени, јер се већ приближује дан исхода мога!

И пошто је извршена заповест његова, дође множаство монаха као добромирисних цветова који цветају у тој светој пустињи. Када су дошли к њему, мир и благослов примише међусобно, не даде им отићи од себе, и говораше им:

– Останите код мене док тело моје, опевавши га светим и часним вашим песмама, не погребете!

А блажени старац од седмога дана па све до смрти своје не окуси хлеба ни воде, само се сваки дан причешћиваше светим и пречистим тајнама, телом и крвљу Господа Бога и Спаса нашега Исуса Христа.

У 11. дан тога месеца видех га како се спрема за одлазак и рекох му:

– О, блажени господине Симеоне! Ево се већ спрема благи твој исход у покој твој. Да, већ сам чуо како си благословио наследство своје, али и сада им подај свој последњи благослов!

А он подигавши руке, поче са сузама говорити:

„Тројице света, Боже наш, славим те и благосиљам те и молим те, и представљам те, јер по трећи пут дајем благослов наследству моме. Господе Сведржитељу, Боже отаца наших, Авраамов, Исааков, Јаковљев и семена праведнога, сачувај их и укрепи у држави бивше владавине моје, и помоћ пресвете Богородице и моја, иако грешна молитва нека је са њима од сада и до века. А пређашњу заповед дајем им: Имајте љубав међу собом![37] А ко од њих одступи од онога што сам им ја наредио, гнев Божји нека прогута њега и семе његово!"

А ја сам на све то рекао:
– Амин!
А када је дошао 12. дана тога месеца, рече:
– Чедо моје, донеси ми пресвету Богородицу, јер такав имам завет, да пред њом испустим дух свој.

И када је била извршена заповест, и вече када је наступило, рече:

– Чедо моје, учини љубав, положи ме на расу која је за мој погреб, и спреми ме потпуно на свети начин, као што ћу и у гробу лежати. И простри рогозину на земљу, и положи ме на њу, и положи камен под главу моју, да ту лежим док ме не посети Господ да ме узме одавде.

А ја све испунивши, изврших што ми је он заповедио.

А сви ми гледасмо и плакасмо горко, гледајући на овом блаженом старцу такова неисказана Божја провиђења. Јер како је и овде, у држави својој, молио у Бога и даде му, тако ни до овога часа не хтеде да се лиши ниједне ствари духовне, него му Бог све испуни. Јер, ваистину, браћо моја љубљена и оци, чудо беше гледати: онај кога се сви бојаху и од кога трептаху све земље, тај је изгледао као један од туђинаца, убог, расом обавијен, где лежи на земљи, на рогозини, а камен му под главом, и сви му се клањају, а он скрушено моли од свију прошења и благослова.

А када је настала ноћ, пошто су се сви опростили и били благословени од њега, отидоше у ћелије да врше службе и да се мало одморе. А ја и једнога јереја оставих са собом, па остадосмо код њега сву ту ноћ.

А када је дошла поноћ, утиша се блажени старац, и више ми није говорио.

А када је настала ноћ, пошто су се сви опростили и црквена служба, одмах се просветли лице блаженога старца, и, подигавши очи к небу, рече:

„Хвалите Бога међу светима његовим,
хвалите га и на тврђи силе његове!"[38]

А ја му рекох:
– Кога виде те говориш?
А он погледавши на ме, рече ми:

„Хвалите га и на силама његовим,
хвалите га и по премногој владавини његовој!"[39]

И пошто је ово рекао, одмах испусти свој пребожаствени дух и усну у Господу.

А ја павши на лице његово плаках горко и дуго, и уставши благодарих Бога, видевши овакав крај овога преподобног мужа.

Чувши за то сви стадоше долазити па се дивљаху просветљености лица његова, и говораху:

– О, блажени Симеоне, који си се удостојио да видиш такво виђење на крају, Владику светога како ти даје благодат за подвиге трудова твојих! Зато си, веселећи се, изрекао слатки глас при изласку душе твоје:

„Хвалите Бога међу светима његовим,
хвалите га и на тврђи силе његове,
хвалите га и по премногој владавини силе његове."[40]

Блажен ћеш бити свуда, зато и блажени глас изрекао јеси!

И после тога, преподобно тело његово узевши, са чашћу поставимо га посред цркве, као што је обичај.

Када се свршила јутрења и када су се сабрали безбројни монаси, почеше часно појати уобичајене песме око преподобнога тела, и извршише речено: „Они који се боје Господа, славе га."[41] И тако многи народи тада дођоше да му се поклоне и да га са великом почашћу опоју. Појали су прво Грци, потом Иверци, затим Руси, после Руса Бугари, потом опет ми, његово стадо сакупљено.

Када је прошло време после литургије и када се свршила сва уобичајена служба, сви целиваше преподобно тело. А ја грешни обујмивши блажено тело положих га у нови гроб, као што ми беше заповедио и испуних заповест његову.

Пошто се скупило мноштво монаха, нисам их отпустио све до деветога дана, служећи му службу свакога дана.

Када је овај блажени отац наш прешао у вечни покој, заветом остави манастир мени грешноме у скромном неком стању, у којем ми отиде, некога преподобног мужа, по имену Методија, са још четрнаесторицом монаха. Обузе ме велика туга и бојазан, једно од пустоши, а друго због страха од безбожних разбојника. Али како се изволи љубави Богоматере и Наставнице наше и светим молитвама господина Симеона, тај храм од незнатног и малог узнесе се у велелепну појаву. И после мало времена скупих деведесет монаха у братству и све спремих што је на потребу манастиру.

И када сам ту пробавио осам година, настадоше многи метежи у томе крају, јер прошавши Латини и заузеше Цариград, бившу грчку земљу, чак и до нас, и улегоше и ту у свето место, пошто је настао велики метеж.

И када се овде сазнало о томе метежу, дође ми посланица од христољубивога и благочастивога, Богом изабранога и благословенога блаженим оцем Симеоном, Стефана Немање, који је владао његовом државом, и брата његова, великога кнеза Вукана. Примио сам њихову молбу која каже:

„Ево, у тој земљи узбунише се народи, а блажени отац наш, господин Симеон, који нам је био господар и учитељ, тамо лежи. Због овога молимо твоју молитву, Господа ради, немој нас презрети, узми часне мошти господина нам Симеона и пренеси их овамо, да се благослов његов јави испуњен на нама!"

А ја видевши колико желе то што моле и да је потребно то испунити, подигавши своју немоћ на то почех спремати. И угледавши згодно време да се то изврши, дошавши отворих гроб блаженога старца, и нађох тело његово часно цело и неповређено, које је било ту у гробу осам година. Јер тако приличи онима који су угодили Богу, да су и после своје смрти прослављени, сатвориће Бог вољу оних који га се боје и услишаће њихову молитву, „сачуваће све њихове кости и ниједна се од њих неће сломити".[42] И ја узевши његове часне мошти, пођох на пут. И мада је био велики метеж у тим земљама, уз помоћ Божју и пресвете Владичице Богородице, и молитвама блаженога и преподобнога и часнога господина нам и оца Симеона, прођох, што рече, кроз огањ и воду, цео и сачуван, и ничим повређен.

И дођох са часним моштима у Хвосно.

Када је сазнао владалац син његов Стефан Немања, и брат му кнез Вукан, скупише светитеља и јереје и игумане са многим монасима и са бољарима свим, са радошћу радујући се и весељем веселећи се. Дошавши са великом чашћу узеше мошти господина Симеона, песмама духовним благодарећи Бога. Јер као што прекрасни Јосиф узе из Египта тело оца свога Јакова и пренесе га у земљу обећану, тако и ови богољубиви и благообразни синови његови са свом државом примише га, радошћу радујући се и весељем веселећи се, сами носећи пречасно тело оца свога, и са великом почашћу положише га у овој светој цркви, у одређени му гроб, који блажени раније сам себи беше начинио. А ово се догоди месеца фебруара у 19. дан.

Нека вам је знано о овом блаженом оцу нашем и ктитору господину Симеону, од рођења његова па до смрти:

Рођење његово било је у Зети на Рибници, и тамо је примио свето крштење. Када је овај младенац био изнесен овамо, узе га епископ цркве Светих апостола и помоли се над дететом, и миром га помаза, па је тако и друго крштење примио. Јер све је било чудно са овим мужем: када је био дете примио је два крштења; и опет када је примио свети анђелски образ, и ту је примио два благослова – мали образ и велики. А ево и после успенија његова пречасно тело његово би двапут сахрањено: први пут у Светој Гори, где му би и уснуће, и опет отуда би узет и пренесен овамо, и са великом почашћу и красним славословљем овде по други пут беху положене његове часне мошти у гроб.

Од рођења му 46 година, и ту одмах по Божјој вољи прими владавину.

И остаде опет у владавини 37 година, и ту одмах прими свети анђелски образ.

И поживе у том образу 3 године.

И цео живот његов био је 86 година.

А престављење блаженога оца и ктитора господина Симеона би 6708 (1200!) године, месеца фебруара у 13. дан преложи се ка вечном блаженству.

А ти, Боже и Господе свега, и препрослављена Мати Господа и Бога Спаса нашега Исуса Христа, да ово што је написано буде и чињено, да ми и они после нас до краја овога века часним молитвама оца нашега и ктитора слушамо оно што се говори, и последујући да чинимо све што је угодно Богу, гледајући на подвиге и живљење овога преблаженога оца нашега, у којима је сладост и весеље, помињући Бога, веселећи се у Богу.

Ум наш, дакле, нека буде на небесима у гледању на красоте рајске, на обитељи вечне, на анђелске хорове, на онај живот, где ли су како ли су душе праведника или грешника; како ли ће се јавити велики Бог и Спас наш Исус Христос, према оној просвећеној речи:

„Небеса ће проћи са хуком,
ваздуси спаљени ће се разрушити,
земља и што је на њој и дела биће сажежени!"[43]

Какво ли ће ту свака душа саврсно тело добити?

Какво ли ће бити збориште то мноштво људи од Адама до краја света?

Какво ли ће бити Христово страшно и од сунца светлије лице?

Какав ли ћемо глас његов чути, да ли праведницима које прима у царство небеско или грешницима које шаље у вечну муку?

Ово треба, љубљена браћо моја, да бринемо и помишљамо, у овом да живимо, јер смо ван света, јер живот на небесима имамо[44], овај живот у миру проводећи, наду имајући да ћемо у Христу Господу нашем стећи наду вечних добара, заступништвом пресвете Владичице наше Богородице и Добротворке, и молитвама преподобонога и блаженога оца нашега и ктитора господина Симеона.

СЛУЖБА СВЕТОМ СИМЕОНУ

МЕСЕЦА ТОГА (фебруара) у 13. ДАН, ПРЕПОДОБНОГ ОЦА НАШЕГ СИМЕОНА НОВОГА СРПСКОГ

ВЕЧЕРЊА, НА „ГОСПОДИ ВАЗВАХ" ИЗ ОКТОИХА НА ШЕСТ, И ПОЈЕМО СТИХИРЕ ГЛАСА ПЕТОГ, ПО ДВАПУТ. ПОДОБАН „РАДУЈ СЕ".

Преподобни оче,
добру си нашао лествицу
којом узиђе на висину,
којом и стече Илија колесницу огњену,
но он усходишта другима не остави,
а ти по смрти својој
у отачаству ти пут показа царевима,
небески човече,
земаљски анђеле,
светилниче отачаству ти,
Симеоне блажени,
моли за спасење душа наших!

Преподобни оче,
ако је отачаству ти требало проповедати,
ти ниси престао говорити,

боловима и трудом и сузама својим
исправљао си на веру истиниту стадо ти
као дрво напајано учењем твојим,
дивише се анђели,
чудише се људи,
ужаснуше се демони
над трпљењем твојим, Симеоне блажени,
моли за спасење душа наших!

Силом Светога Духа
Владики своме подобећи се,
владарство своје остави,
узевши крст пође за Христом
и усели се у Гору Свету,
одакле, помоћ примивши,
истаче ти гробница миро благодати
што весели твоје синове
који пред тобом стоје, Симеоне блажени,
моли за спасење душа наших!

„Слава, и сада", Богородичан.
На стиховном у октоиху, и светоме, стихире
гласа осмог, Подобан „О, преславно"

Оче преподобни,
мимоишао си царство земаљско,
избрав богатство – речи свете
и њих си изволео да чуваш,
оставив супругу и чеда
и све земаљске красоте,
изашав у Гору Свету
с анђелима Богу служиш,

моли се Христу непрестано
за творитеље твога спомена!

„Слава", глас шести

Преподобни оче,
глас јеванђеља Господњег чувши,
богатство и славу царства ни за што држећи
ти свима повика: Љубите Бога
и наћи ћете благодат вечну,
нада све штујте љубав његову,
да када Христос дође у слави
нађете покој са свима светима!
Зато и ми сви верно
на слављe његово светло стецимо се,
доброг пастира светло успојмо песмама:
Радуј се, монаха похвало и утврђење,
моли Бога за нас, Симеоне блажени,
да се сачува стадо твоје неповредно!

„Сада", Богородичан
Јутрења. Канон, гласа осмог

Песма прва

И р м о с

Воду прошавши као по суху,
од египатских зала избеже,
Израилћанин вапијаше:
Избавитељу и Богу нашем појмо!

Божаственом љубављу распаливши душу
угасио си телесне похоте, оче,
невештаствено живљење на земљи сатворив,
Симеоне блажени!

Божаственим блистањем засија у срцима нашим
што творе светли ти спомен,
стадо ти од напасти, преблажени,
молитвама ти, Симеоне, избави!

Утврдив тело своје на земљи,
узевши крст пође за Христом,
живота удостоји се непролазног на небесима,
оче преблажени Симеоне!

Телом из крви твоје свете
Бог, Оче, Слово оваплоти се
изнад природе, Дево Маријо,
којега моли да тела мог страсти угаси!

Песма трећа

Ирмос

Небескога свода градитељу,
Господе, цркве саздатељу,
ти ме утврди у љубави својој,
врхунче свих жеља, верних утврђење,
једини човекољупче!

Цркве Божје делатељ јавио си се Христу
и у Свету Гору уселио си се, оче преподобни,

зато просијав добродетељи блистањем
Светога гледаш, богоносни Симеоне!

Сав заволевши духовни живот,
ван света и тела био си, богоношче,
и зато си примио премудрости славу
и вечну, оче, заједницу.

Тело твоје, преподобни, у болезнима
добродетељи зрео процвета клас,
од кога се напајају љубављу божаствена ти чеда
што божаствени ти спомен творе.

На теби, Пречиста, узрочник свега
из милосрђа хотећи да се усели у људску природу,
због непослушности раније изгнану,
тобом, Богородице, опет је обновисмо.

Седилан, гласа осмог
Подобан „Премудрост"

Царство земаљско оставивши,
крст свој на раме узевши
свега си себе предао Богу
и у Свету Гору отиде
Светога Духа поставши причасник;

зато и чудотворац јавио си се,
миро истаче гробница моштију твојих,
богоносни Симеоне, моли Христа Бога
да грехова проштење подари штоватељима твојим!

Песма четврта

Ирмос

Чуо сам, Господе, промисла твојег тајну,
сазнадох дела твоја
и прославих твоје божаство.

Потоцима, оче Симеоне, суза твојих
душевне страсти омио јеси,
божаствено постаде Духа покојиште, преблажени.

Бдење крепко, клањање свагда спокојно
и љубав што се презрети не може
испунио си вером, оче преблажени Симеоне.

Благодат примив, преблажени,
као Божји угодник истинит,
истаче моштију твојих гробница миро благодати.

Била си, Чиста, храм славе Божје,
јер из тебе – од Оца пре тога – роди се Бог,
без семена нетакнуту те сачува, Чиста.

Песма пета

Ирмос

Зашто ме одгурну од лица твојега,
светлости незалазна?
Покрила ме је тама туђине, јаднога;

него ме обрати, к светлости заповести твојих
путеве моје управи!

Као многоплодна лоза
грозд процвета, оче Симеоне,
што добродетељима божаственим
покајања вино излива,
што маглу страсти
од душа наших одгони
и срца верних весели.

Напастима различним змија непријатељска
подигла се на стадо твоје,
али њу, оче, оружјем крста
и молитвом својом умртви,
и мир од Бога отачаству ти измоли,
богомудри Симеоне!

Трпљењем и уздржањем, славни,
нападе вражје победио си,
јавио си се непоколебљив у напастима
и у скрбима и у бедама различним,
чувајући спокојство владавине своје
благочашћа свога мудрошћу,
оче Симеоне.

Мати Дево Богородице,
Божијим просветљена Духом, Пречиста,
свети пророци светим гласима проповедаху,
јер у тебе Бог Слово изнад сваког слова
усели се због милосрђа многог.

Песма шеста

Ирмос

Молитву своју излићу Господу,
њему ћу да објавим и тугу моју,
јер злима душа моја напуни се
и живот мој аду приближи се;
но молим се: као Јону
од смрти, Боже мој, подигни ме!

Светило те имајући што непогрешно води,
нађосмо пут живоносни, богоношче,
 и ка истини тобом вођени бејасмо,
преблажени Симеоне.

Бодро си изволео божаствено
да пошаљеш светлост спасења
нама у ноћи зла незнањем држани што бесмо
и показа свима синови светлости и дана да будемо,
богомудри Симеоне.

Божије таланте што прими не скри у земљи,
умножив их примио си од Бога благослов
што због тебе њима разумне украси
и знањем просветли,
те од њих луче светле блистају,
оче преблажени.

Отежаног дремањем преварним
подигни ме својим заступништвом, Мати Божија,
не дај ме да уснем у греховној смрти,

предстатеља те и предводника
својему животу сви имамо!

Кондак, гласа другог
Подобан „Теченије"

Иго Христово примив, Симеоне,
и његов крст узев пође за њим,
засађен у дому Господњем процвета као финик,
као кедар ливански умножио јеси чеда твоја,
прожет љубављу Духа, чудотворац јавио си се;
Христа Бога моли непрестано за све нас!

Икос

О, божаственом вишњом премудрошћу
испуни ми ум, мени ништему!
о, како да успојем твоје живљење, оче,
или како да узмогнем реч да ти принесем?

Но ти ми подај крепост и знање,
реч и разум, да ти од твога твоје принесем,
од богатства добра доброту твоју,
јер све то нађе и венча пречасну главу своју,
доби жељено,
светилник божаствени јавио си се,
просветљујући васељену отачаства ти;
зато и мрак грехова одагнав, свети,
озго измоли ми благодат Духа,
јер имаш слободу у Христа,
да Христа Бога молиш непрестано за све нас!

Песма седма

Ирмос

Божија силаска огњеног
застиде се Вавилон давно,
због тога момци у пећи веселим кораком
као у светлости играху појући:
Отаца наших Боже, благословен јеси!

Да вишње царство примиш и славу неизрециву
у закону Божјем покорив се Владики,
залутало потражи и нађе
и на раме своје узевши, преблажени,
као пастир приведе у тор покајања,
оче Симеоне!

С вишњим силама, оче,
стојећи пред живим Богом,
његовом славом украсив се,
распалив се, блажени, огњем Духа,
кал сласти омивши
постао си кадило мириса благоухана
Господу благопријатно,
богоносни Симеоне!

Славу непокрадљиву,
богатство непропадљиво, мудри,
добродетељима примивши,
словом украсив,
сазнањем просветлив ум
из кога чудеса светла шаљу се,

оче блажени,
вернима слух ваистину озарују светло.

Једина, јединога од Тројице
једина родила јеси у два суштаства,
у лице видљиво једино, Дево, коме појемо:
Благословен Бог отаца наших!

Песма осма

И р м о с

Седам пута халдејски тиранин љуто
пећ богочастивима распали силом моћнијом;
спасење видевши, Творцу и избавитељу вапијаху:

Децо, благословите!
Свештеници, појте!
Људи, преузносите на све векове!

Божаственом светлошћу испуњен, оче,
божаствене славе јавио си се покојиште
из којег светлости божаствене муње луче шаљеш
што верних лице просветљавају;
православном вером таму јеретичку прогонећи
вапијаше: Децо, благословите!
Свештеници, појте!
Људи, преузносите на све векове!

И у животу, блажени, поживев као други Авраам,
и делом по скончању твоме благодаћу Божјом

гробница моштију твојих излива чудеса дивна,
јер вером просијавши
и анђелима славно придружи се,
те појаше: Децо, благословите!
Свештеници, појте!
Људи, преузносите на све векове!

Просветли, богоношче,
од Тројице светлошћу духовном
облиставајући срца верних,
таму неверја прогнав,
цркви православну веру држећи,
веру као оклоп,
крст као оружје,
љубав као штит,
као мач реч Божју, Симеоне,
појаше: Децо, благословите!
Свештеници, појте!
Људи, преузносите на све векове!

Струја нам жива јави се,
Пресвета Девојчице,
од које, обамрли, напивши се
у живот се враћамо, вапијући:
Децо, благословите!
Свештеници, појте!
Људи, преузносите на све векове!

Песма девета

Ирмос

Задиви се, дакле, небо и земља
и ужаснуше се све стране света
што се Бог људима јави у телу
и утроба твоја шира је од неба, Богородице;
стога те, Богородице,
чиноначелства анђела и људи величају!

Видети удостоји се, оче богоносни,
надом и љубављу својом
што око не виде ни ухо не чу
ни на срце човеку што не узиђе;
красан јавио си се божаственим красотама,
добродетељима, Симеоне блажени,
пред красним Владиком радосно стојиш,
за стадо своје не престај да се молиш!

Данас радосно црква твоја
поштује живљење твоје
и приноси ти весело појање
окупљајући духовна твоја чеда,
радосне славитеље твоје, преподобни,
анђелског твог живота,
дароване ти светлости и славе,
преблажени Симеоне!

Вапије ти хвално твоја свечасна велика Лавра,
житеља те и градитеља
и отачаствољупца имајући, мудри,

и хвалећи се поје непрестано:
Молимо те, богомудри Симеоне,
за стадо своје приљежно помоли се
да твојег труда плодове добије
и да се сачува стадо твоје неповредно!

Брака не искусивши роди
од свију земних већа,
јер Бога све твари и Творца
у својој утроби сместивши,
њему помоли се милостиво,
јединством мира благостање
и тишину црквама да пошаље,
те да се сачувамо од сваке беде и туге!

Светилан, Подобан „Небо са звездама у круг"

Са неба, са славовенчања
из руке Сведржитеља,
споменом празника ти
отачаство твоје просветли,
свети Симеоне,
појце твоје спасавај!

*На „Хвалите Господа" стихире, гласа осмог,
Подобан „О, преславно"*

Преподобни оче,
храм свети јавио си се
постом и молитвама,
за милостињу ништима

што прими је Владика твој
благодат ти се даде,
и света гробница моштију твојих
миро благоухано точи,
оче Симеоне,
моли се Христу непрестано
за творитеље спомена твог!

Преподобни оче,
љубав Божију примивши
у Гору Свету уђе
као Мојсије боговидац,
и Божје благодати наситив се,
богомудри,
радостан потрча на подвиг
Христу Богу нашем,
и на небеса узношен
светилник нам се на земљи појави,
оче Симеоне,
непрестано моли се за стадо своје!

„Слава Богу" на стиховном у октоиху, и светоме гласа шестог:

Преподобни оче,
мимоишао си земаљско царство,
изабрао си богатство – речи свете
и њих си изволео да чуваш,
оставив супругу и чеда
и све земаљске красоте
и у Гору Свету изашав

с анђелима Богу служиш,
оче Симеоне,
не престај да се молиш Христу Богу
за творитеље спомена твог!

ПИСМО СПИРИДОНУ

ПИСМО ПОСЛАНО ОД СВЕТОГА САВЕ ИГУМАНУ ЛАВРЕ ДОМА ПРЕЧИСТЕ И СВЕТОГА СИМЕОНА СТУДЕНИЦЕ, КИР СПИРИДОНУ, ОД СВЕТОГА ГРАДА ЈЕРУСАЛИМА

Благодат вам и мир од Господа Бога и Спаса нашега Исуса Христа!

У Господу Богу превазљубљени мој божаствени сине, јеромонаше Спиридоне, игумане велике лавре светога Симеона, архимандрите!

Мада сам и грешан, Спаса мојега молим да будеш сачуван душом и телом и све божаствено стадо.

Ако хоћете да знате о мени грешном, то с милошћу Божјом и светом вашом молитвом здраво и весело дођосмо до светога града.

Поклонисмо се пресветоме и божаственоме гробу и светим његовим местима. Најпре уредисмо за ваше спомињање у светих, потом обиђосмо света места. Када све ово свршисмо, тада се, пошто нас стиже путни труд, сви разболесмо, и остављамо на Божје расуђење живот наш и смрт нашу, и ко од нас буде жив к вама нека се врати, а кога смрт потребује, молитва ваша нека остане с њим.

А ти, човече равне душе, владико мој, познаниче мој, који се заједно насладисмо у дому Божјем, чедо моје слатко, Спиридоне, моли Бога за нас, не бих ли твојим молитвама проштење грехова добио. Мир божаствени нека ти буде, мир и дому твоме божаственом, мир и свима онима који су тамо и који работају дому светога Симеона, мир и свима игуманима удеоничарима твојим, и поклоњење им чиним кроза те, чедо своје. Мир Божји нека се излије у срца ваша, и онога који вас благосиља благосиљам, а оне који вам зло чине проклињем, да не буде на њима милост Божја, ни на домовима њиховим, ни моја молитва, и да погину као безумни Арије!

А благодат Господа нашега Исуса Христа и љубав Бога Оца и заједница Светога Духа нека буде свагда са свима вама, амин!

Писа милошћу Божјом први архиепископ све српске земље, Сава грешни.

И ево што се у овом месту нађе, на благослов дајем ти крстић, да ми га носиш на спомен, и појасић, јер сам га полагао на гроб. С тим крстићем да се молиш, носи ми га вазда о врату, макар да имаш и другу иконицу, но њега вазда носи. А појасићем се опаши, да је вазда о бедрима твојима, јер сам га полагао на гроб, крстић и појасић. И такву сам молитву створио, да би дао Бог да би се тако сваки хришћанин молио за мене! И дајем ти убрусац, што су ми га овде даровали, а ја га теби дарујем, да ти буде на благослов душе и тела. И камичак, што сам га нашао, да ти буде на многе потребе, и да га носиш при себи.

И моли се за нас, служитељу Христов, да нас Бог укрепи и сачува, да бисмо опет к вама дошли.

И ако ми Бог да и малу моћ, ићи ћу у Александрију к патријарху, да се поклоним светоме Марку. И отуда ћу у Синајску Гору, и када се вратим, ако будем у животу и Бог даде, до пролећа ћу бити код Вас.

Чувај се, чедо моје слатко, да не изиђеш из неког мога завета. Да, ако човек и цео свет добије, а душу своју изгуби, која је корист?[1] Ако је поп грешан, али молитва његова није грешна, и његова веза је сила од вишње благодати. Да, ако ће се ко саблазнити, но ти се не саблазни, јер доћи ће Господ и неће закаснити, и да чујеш онај глас: „Добри и верни слуго, у малом веран, над многим поставићу те; уђи у радост Господа свога!"[2]

Сава, први архиепископ

УПУТСТВО ОНОМЕ КОЈИ ХОЋЕ ДА ДРЖИ ОВАЈ ПСАЛТИР

Богоносни и преблажени и преподобни оци наши, светила целога света, земаљски анђели, небески људи, научивши испрва да иночаствују предањем Светога Духа, и благодаћу Божјом просветивши се, и Христа настанивши у прекрасне њихове душе чиста ради живота њихова, против ђавола победу показаше и његовим многим искушењима распаљивани одолеше му, и боље од злата огњем искушана сијају, и јасније од снега убелише се, и невештаственога злата крила мисаона уперивши, на небеса узлетевши као богопарни орли, нама оставише устав Богом преданога појања њихова и умилне молитве, којима Господа себи милостивим учинише. Једни међу њима часове са међучасјима појаху, и са молитвама, и саставивши изборне псалме са молитвама, назваше те књиге часословац. А други сам псалтир без молитава појаху. Неки, пак, будући напреднији у подвизавању, установивши псалтир са молитвама појаху и стихове покајне, и Трисвето с поклонима. Тај псалтир је ово:

Нека је знано свакоме који хоће да држи овај псалтир, да поје јутрењу и часове и вечерњу обично, без међучасја и без молитава, а место свега тога нека му буде ово: отпевавши цео метимон до „невидљивих непријатеља мојих", рекавши и „јер је страшан суд" и „Непостидну", затим „Господе помилуј" 40 пута, затим:

„Пријдите да се поклонимо" три пута, затим: „Помилуј ме, Боже"; потом Канон светој Богородици појнапред, затим: „Слава у вишњима Богу", тропари, затим молитву „Господе, Господе, који нас избављаш" појнајпосле, затим: „Господе помилуј" 40 пута, ако ли је пост 50 пута. И потом: „Пријдите, да се поклонимо" три пута, и тако почни „Блажен муж", са разумевањем, а не брзајући. И свршивши прву катизму, затим Алилуја 3 пута, затим: „Свети Боже", „Пресвета Тројице", „Оче наш", и изговарајући Трисвето поклони се 9 пута. Затим покајна два, затим молитва која је на реду, затим „Господе помилуј" 40 пута, ако ли је пост 50 пута. И поклони се три пута, говорећи „Пријдите, поклонимо се" три пута, затим другу катизму. Тако пој колико ти је могуће.

И отпочинувши мало и почни полуноћницу „Блажени непорочни", и после свршетка полуноћнице отпој шест катизама. И учинивши отпуст, благодари Господа и одмора окуси по закону.

И опет уставши пред јутрењом и отпој шест катизама, чинећи поклоне, и Трисвето и остало, као што писах код прве катизме. И потом пој јутрењу.

И што ти остане од псалтира, то изговори по дану.

Ако ли радивши који посао хоћеш да отпочинеш ноћу, онда изговори бар 10 катизама ноћу, а 10 дању, а немој оставити овог правила, но за ноћ и дан псалтир да испојеш.

А ако си, брате, будан и схваташ да ти Господ даје силу и крепост да га славиш, те успеш да пре доласка светлости изговориш и цео псалтир, или пре свршетка дана, онда опет зађи од почетка и почни и довpши. Јер псалтир се никада не свршава. И ако додаш ономе што је установљено, од Господа ћеш примити сугубу награду, јер примивши од њега пет таланата, даћеш му десет. Па ту у твојој приљежности помени и мене грешнога монаха Саву, да се твојим савршенством мој недостатак испуни.

Јер ја грешни преписах овај псалтир, хвалећи будан и дуготрпељив живот светих отаца, а кудећи своју немоћ и јадну леност и тежину сна. Ако ли си, брате, лен као ја, ипак, прени се и помисли на дарове које обећа Господ даровати онима који га љубе и који се труде ради њега. Јер рече божаствени апостол:

„Што око не виде и ухо не чу
нити узиђоше на срце човеку,
то спреми Бог онима који га љубе."[1]

Јер тамо желе и анђели да погледају.[2] И опет рече: „Није слава овога света слична слави будућега века"[3]; такође и муке овога света нису ништа наспрам оних. Јер од њих стрепи, рече, и сам сатана.[4] А знај, љубимче, да је онима који су пострадали част и слава, а лењима и непотребнима после телеснога покоја вечна мука.

И све ово размотривши и у Господу укрепивши се, устани крепко против лености и почевши свој устав и заврши, да примиш награду вечну. Ако ли си и веома обузет сном, онда бар ноћу, макар и мало почни колико можеш, а ујутро све доврши. Јер рече Давид: „Твој је дан, и твоја је ноћ."[5] Само ти не остављај свога правила, него саврши псалтир за дан и ноћ, и милост Господња помоћи ће ти!

А ја недостојни и лени и худи монах Сава, чувши и видевши овакав псалтир на грчком језику написан, сажалих се помисливши на своје незнање, пошто не знађах добро грчки, али се ипак убојах беде онога ленога слуге који је сакрио таланат, и пожурих се Божјом благодаћу, колико ми моћ достиже, изложих га и предадох вама истинитим трговцима, да ви чините куповину.[6]

Овај устав нека се држи пет дана; нека се почиње у недељу увече, а у петак до вечерње нека се сврши, а у суботу и недељу нека се не држи, само када сване субота да изговориш пет катизама на полуноћници, почевши трећом, па четврту, пету, шесту и седму, а у свитање недеље изговори других пет катизама, почев од осме, па девету, десету, једанаесту и дванаесту; а у дане само пој часове.

ПРОПРАТНИ ТЕКСТОВИ

БЕЛЕШКА О ОВОМ ИЗДАЊУ

Књижевна дела светог Саве дају се овде у преводу на савремени српски језик, са старословенског језика српске редакције на коме су писана. Превод је пре последњег рата начинио Лазар Мирковић. У узорно штампаној публикацији *Сйиси свеїоїа Саве и Сїевана Првовенчаноїа,* изд. Државна штампарија Краљевине Југославије, Београд 1939, објављени су у Мирковићевом преводу и са његовим предговором и уводним белешкама сви текстови светог Саве који се налазе у овој књизи. Разуме се, нема Крмчије, јер је тај зборник византијског права не само некњижевног садржаја него је још и до данас неиздат. Када је, пак, реч о преводу Лазара Мирковића ми смо се морали одлучити за темељну редакцију према оригиналу, и то за *Хиландарску йовељу, Хиландарски їийик, Жиїије свеїоїа Симеона, Писмо иїуману Сйиридону* и *Усїав за држање йсалїира; Карејски їийик* дајемо у свом преводу, као и *Службу свеїом Симеону.* Ова служба је први пут у нашем преводу објављена у *Србљаку* I, Београд 1970, 7–31; превод сам тада заједнички редиговао са приређивачем *Србљака,* проф. др Ђорђем Трифуновићем. На несрећу, у складу са приређивачком концепцијом *Србљака* служба том приликом није објављена у свим својим саставним деловима; изостављени су били они текстови за које се сматрало да припадају преузетом фонду византијске химнографије а нису дело нашег аутора. Моје је мишљење, данас поготову, да се службе и у преводу морају издавати у своме пуном саставу и првобитном склопу, без обзира да ли је и шта је ту „оригинално" а шта преведено и преузето, и без обзира на то да ли је посреди песнички текст или „рубрика", литургијско упутство. Ово последње је неопходно као обележје структуре и сигнал жанровских одлика песме. Превод службе сам сада допунио, превео све што раније нисам био превео, и поново редиговао целокупни текст према оригиналу. Једну сам ствар задржао: „стиховано" објављивање Службе. У своје време тај издавачки поступак у *Србљаку* наишао је на озбиљну критику.[23] Знам врло добро да закони песничке форме старога српског песништва нису још у довољној мери откривени, те да у поређењу са византијским грчким песништвом у поетици нашег „стиха" има крупних, можда и битних разлика. Редови у којима је текст једне песме овде саопштен, према томе, неће свагда бити оно што сугерира пунктуација рукописа, али смо настојали да кроз то макар донекле реконструишемо ритамски и мелодијски тип текста, битно различит од каквога прозног реторског састава. Критичка издања, дабогме, приређиваће се по другим начелима, али у популарном издању за књижевног читаоца, какво је првенствено једно овакво издање, не би било више ни дозвољено враћати се уназад објављивањем песме са тако јасним мелодијским и ритамским структурама у „прозној" форми, у нестихованом виду. После *Србљака* из 1970, то заиста више није могуће.

Археографске напомене о појединим делима светог Саве садрже само основне податке о главним преписима текстова; према садашњем, још увек недовољном, познавању српског рукописног наслеђа, ти подаци нису коначни.

Библијски цитати су проверени и донекле увећани у односу на фонд Ст. Станојевића и Д. Глумца, *Св. йисмо у нашим сйарим сйоменицима,* Београд 1932, 1–45.

Коментар је рађен тако да омогући разумевање идеја и порука, а то значи и читавог система значења у текстовима који се овде штампају, не само историјских података и реалија.

Томе донекле треба да помогне и речник мање познатих речи и појмова, јединствен за све Савине текстове објављене у овој књизи.

Димитрије Богдановић

РУКОПИСИ

Сачувало се врло мало рукописа са делима светог Саве. Сем *Карејског типика*, за чији се примерак у облику свитка данас у Хиландару може то веровати, нема ниједног Савиног оригинала или аутографа. Оригинална је била *Хиландарска повеља 1198*, али је у првом светском рату изгубљена.

1) *Хиландарска повеља.* Оригинал повеље налазио се до 1896. у Хиландару, где се чува и оснивачка хрисовуља византијског цара Алексија III Анђела из 1198. Поклоњена српском краљу Александру I Обреновићу када и *Мирослављево јеванђеље*, повеља се чувала у Народној библиотеци у Београду, али је нестала приликом евакуације књига из Београда 1915. и до данас није пронађена. Сачувале су се извесне копије и оригинални фотографски снимак. Добар факсимил је у Д. Аврамовића, *Света Гора са стране вере, художества и повеснице*, Београд 1848.

2) *Карејски типик.* Пергаментни свитак у Хиландару (сигнатура АС 132/134) са потписом и воштаним печатом Савиним, могао би бити оригинал овога важног документа из 1199. Позната су још 4 каснија преписа, међу којима је нарочито важан пергаментни препис у Хиландару из XVI в. (АС 135/134) и у збирци рукописа под бр. 710 из времена око 1825. Зна се и за један

препис у Патријаршијској библиотеци у Београду и у Архиву САНУ бр. 51 из 1620/30. Текст је уклесан и у камени надвратник Карејске испоснице.

3) *Хиландарски типик*. Није се сачувао оригинал, већ рани препис у облику пергаментног кодекса у Хиландару (АС 156), вероватно из двадесетих година XIII века. Има још неколико преписа: Михов у Зборнику с краја XIV и почетка XV в. у Одеси (Унив. библ. 31); Марков у Зборнику српских житија из 1370–75 (Нар. библиотека Србије Рс 17); Завалски препис из XVII в. (изгубљен); Хиландарски препис – прерада из 1788 (Хил. 583); извод у Хил. 716 из времена око 1816; Хил. 746 из 1877, можда и у Њамецком зборнику XV в., о коме за сада немамо подробнијих и сигурнијих података.

4) *Студенички типик*. Веома позни препис у рукопису Шафарикове збирке Народног музеја у Прагу, из 1619 (сигнатура према Опису Вашице-Вајса 144: IX H 8 (šaf. 10). Писан у Студеничкој испосници. Други студенички из 1760, изгубљен; познат по неким описима и исписима, био у поседу Милоша С. Милојевића, али се том рукопису замео траг већ када је Ћоровић спремао своје критичко издање Савиних списа.

5) *Житије светог Симеона*. Као и *Студенички типик* у истом, студеничком зборнику из 1619, данас у Шафариковој збирци у Прагу.

6) *Служба светом Симеону*. Најстарији рукопис, на пергаменту, *Минеј празнични* из средине XIII века, српски, који се сада налази у Архиву САНУ 361. У Софији су још два важнија преписа, у минејима НБКМ 141 из 1607/08, и ЦИАМ 89 из XVII в.

7) *Писмо Спиридону*. Налазило се у отачнику Велике Ремете из XV века. Данас се том рукопису изгубио

траг, нема га више ни у Великој Ремети ни у Гргетегу; текст је сачуван у изд. Даничића у *Сйаринама 4* (1872) 230–231.

8) *Уūуйсйво за чийање йсалйира.* Рукопис САНУ 51 из 1620/30, али и у руским рукописима, одакле и у штампане псалтире (нпр. Син. 406 из XV в., 431 из XVI в., ГИМ).

БИБЛИЈСКИ ЦИТАТИ

ХИЛАНДАРСКА ПОВЕЉА СИМЕОНА НЕМАЊЕ

1 Мт. 11, 29–30.
2 Мт. 9, 13.
3 Мт. 13, 57; Мк. 6, 4; Јн. 4, 44.
4 Лк. 15, 7.

КАРЕЈСКИ ТИПИК

1 Пс. 110, 10.
2 1 Кор. 2, 9.
3 Мт. 7, 14.
4 Мт. 18, 20.
5 Мт. 26, 41; Мк. 14, 38.

ХИЛАНДАРСКИ ТИПИК

1 Лк. 1, 1–3.
2 Јн. 7, 37.
3 Откр. 21, 6.
4 Мт. 10, 37; 19, 27; Мк. 10, 29.
5 Мт. 10, 38 и тропар преподобнима.
6 Мт. 11, 28–29.
7 Мт. 5, 5. 6. 4.

8 1 Јн. 2, 15. 17.
9 Мт. 13, 45.
10 Мт. 25, 1.
11 Лк. 13, 27; Мт. 13, 23.
12 Мт. 25, 34. 23.
13 2 Кор. 11, 7.
14 Лк. 6, 21.
15 Јак. 1, 2–4.
16 Јак. 1, 12.
17 Мт. 10, 22.
18 Јак. 1, 16.
19 Јак. 2, 19.
20 Јак. 1, 27.
21 Јак. 2, 20–24.
22 1 Јн. 1, 3–7.
23 1 Јн. 3, 16.
24 1 Јн. 3, 22–24.
25 1 Јн. 4, 18–21; 5, 1–4.
26 1 Кор. 14, 20.
27 1 Јн. 5, 20 према Јн. 17, 3; потом Јн. 14, 13–14; 16, 23.
28 1 Кор. 2, 9.
29 1 Петр. 1, 12.
30 2 Кор. 3, 11.
31 Јак. 2, 19.
32 Јак. 1, 21–25.
33 Пр. 4, 27.
34 Мт. 7, 13.
34а Гал. 6, 2.
35 1 Кор. 1, 10.
36 Мт. 13, 46.
37 2 Кор. 13, 13.

38 Мт. 19, 29; 10, 38.
39 Пс. 133, 2.
40 Пс. 140, 2.
41 1 Тим. 2, 8.
42 Јн. 6, 56.
43 Јн. 6, 53.
44 1 Кор. 6, 17.
45 Пс. 72, 27.
46 1 Кор. 11, 27.
47 Пс. 5, 6.
48 Мт. 11, 29.
49 Лк. 16, 25.
50 Јак. 4, 6.
51 Пс. 51, 3.
52 Јн. 3, 20.
53 Еф. 5, 13.
54 1 Кор. 12, 3; 16, 22; Гал. 1, 8.
55 Јн. 19, 15.
56 Мт. 27, 25.
57 Пс. 33, 12.
58 Мт. 11, 29.
59 Еф. 6, 8.
60 Јер. 48, 10.
61 Пс. 112, 1.
62 Пс. 2, 11.
63 Пс. 7, 9.
64 Еф. 4, 16.
65 Еф. 2, 20–22.
66 Јевр. 13, 17.
67 Упор. Флп. 4, 8.
68 Јн. 15, 17. 12.
69 Јн. 13, 35.

70 Мт. 18, 22.
71 Мт. 3, 9.
72 1 Кор. 1, 27–28.
73 Јевр. 10, 31.
74 Приче 10, 19.
75 Приче 10, 19.
76 Пс. 132, 1.
77 Мт. 20, 28; Мк. 10, 45.
78 Пс. 90, 5.
79 Мт. 11, 12 (наш превод!)
80 Д. А. 14, 22, 21.
81 Еф. 4, 1.
82 Флп. 4, 8–9.
82а 1 Кор. 7, 29.
83 2 Кор. 12, 2.
84 Лк. 24, 36.
85 Мт. 7, 13.

ЖИТИЈЕ СВЕТОГ СИМЕОНА

1 Флп. 2, 9.
2 Мт. 11, 29–30.
3 Упор. 1 Јн. 4, 12.
4 Мт. 10, 37–38.
5 Мт. 19, 29; Мк. 10, 29–30.
6 1 Тим. 2, 4.
7 Пс. 117, 10.
8 Лк. 2, 29–31.
9 Пропов. 1, 2.
10 Лк. 2, 25.
11 Јн. 10, 15.
12 Пост. 27, 28–29.

13 Приче 3, 1–18.
14 1 Јн. 4, 20. 8. 21.
15 Мт. 22, 40.
16 Ис. 1, 19–20.
17 Јн. 10, 11.
18 1 Петр. 2, 17. ,
19 2 Кор. 13, 13.
20 Мт. 2, 18.
21 Лк. 2, 40.
22 Мт. 11, 29–30.
23 Мт. 13, 46.
24 Мт. 19, 21.
25 Лк. 4, 24.
26 Упор. Лк. 15, 24!
27 1 Тим. 2, 4.
28 Мк. 9, 35.
29 Мт. 18, 3.
30 Мт. 5, 3.
31 Лк. 6, 21.
32 Мт. 5, 3–8.
33 Приче 4, 20–5, 2.
34 Приче 1, 8.
35 Приче 8, 32–34 и 9, 6–11.
36 Пост. 3, 19.
37 Јн. 15, 12.
38 Пс. 150, 1.
39 Пс. 150, 2.
40 Пс. 150, 1–2.
41 Пс. 14, 4.
42 Пс. 33, 21.
43 2 Петр. 3, 10.
44 Флп. 3, 20.

ПИСМО СПИРИДОНУ

1 Мт. 16, 26; Мк. 8, 36.
2 Мт. 25, 21.

УПУТСТВО ОНОМЕ КОЈИ ХОЋЕ
ДА ДРЖИ ОВАЈ ПСАЛТИР

1 1 Кор. 2, 9.
2 1 Петр. 2, 9.
3 2 Кор. 3, 11.
4 Јак. 2, 19.
5 Пс. 73, 16.
6 Мт. 13, 45.

КОМЕНТАРИ

ХИЛАНДАРСКА ПОВЕЉА 1198

стр. 35 Ј е д н е п о с т а в и ц а р е в и м а – Аренга (уводни део) *Хиландарске повеље* Симеона Немање утврђује основе владарске идеологије, која у складу са византијским схватањима почива на идеји хармоничне хијерархије и поделе права одн. дужности. Извор права и устројитељ читавог политичког и правног поретка у свету је, према тим схватањима, Бог. О томе капитална расправа Г. Острогорски, *Византијски систем хијерархије држава,* и друга, *Византијски цар и светски хијерархијски поредак,* у: *Сабрана дела Георгија Острогорског* В. *О веровањима и схватањима Византинаца,* Београд 1970, 238–277. О идеологији саме ове повеље: В. Мошин, *Самодржавни Стефан кнез Лазар и традиција немањићког суверенитета од Марице до Косова,* О кнезу Лазару. Научни скуп у Крушевцу 1971, Београд 1975, 14–16.

Н а ш и м п р а д е д о в и м а – Од битног је значаја истицање континуитета самодржавне одн. суверене власти коју Немања наслеђује од предака који су владали „овом земљом српском". Немањићки легитимитет, дакле, почива на преднемањићком легитимитету српске државности, која има своје утврђено место у светском хијерархијском поретку и јасну провиденцијалну функцију. Отуда Немања, успостављајући своју власт као велики жупан, само ,,обнавља своју дедовину" одн. ,,подиже пропалу своју дедовину" па је то, значи, акт реституције већ раније конституисаног, а не конституција новог.

М о р с к а з е м љ а – Приморје или ,,Поморје" у ширем смислу речи, Зета (раније Дукља) са градовима – Скадром итд. Арбанаси – синоним Арбаније, Албаније, одн. арбанаских земаља (у Савином *Житију светога Симеона* то је ,,Рабан"). Пилот је област у залеђу Скадра. Грчка земља је територија под непосредном влашћу Византије. Лаб – област око реке Лаба. Липљан – у средишњем делу Косовске котлине. Дубочица (Глбочица) – у поречју Јабланице, леве притоке Јужне Мораве. Реке – лева обала Јужне Мораве испод Јастрепца. Заграта – око Ђуниса Левче – у изворишту Лугомира, леве притоке Велике Мораве. Белица – око реке Белице, северно од Левча. Лепеница – око реке Лепенице, северно од Белице. Вид. и коментар Савиног *Житија светога Симеона,* на стр. 224. ове књиге.

стр. 36 С е в а с т о к р а т о р а – Стефан Немањић је као зет византијског цара Алексија III Анђела (,,Комнина"), ожењен његовом ћерком Евдокојом, добио високу дворску титулу севастократора.

Као што благослови Исак Јакова – Вид. Пост. гл. 27.

стр. 37 Х и л а н д а р – Подизање Хиландара овде је приказано тачно као „обнова" тј. као подизање новога на темељима старог, грчког манастира. Истиче се при том помоћ Немањиног наследника Стефана, као и дар византијског цара Алексија III.

М и л е ј е – Крај у Светој Гори где се налазио Хиландар. О томе: М. Живојиновић, *Манастири Хиландар и Милеје,* Хиландарски зборник 4 (1978) 7–16. Сва паричка села која су дата Хиландару налазе се у ближој или широј околини Призрена, тада на византијској територији.

В л а с и – Првобитно остатак романизованих балканских старинаца, које су Срби затекли у планинама као сточаре. Потом, етнички асимиловани и посрбљени, Власи у средњовековној Србији чине социјалну категорију, становништво сточарског занимања и строго утврђених права и обавеза. Влашко „судство" је територија, подручје под влашком јурисдикцијом, тј, под јурисдикцијом именованог влашког старешине.

КАРЕЈСКИ ТИПИК

стр. 41   **Дим је живот наш** – Реминисценција на погребну стихиру, која у целости гласи:

> Људи, зашто се узалуд мећемо?
> Пут кратак је којим ходимо,
> живљење ово – као дим
> и зрак и прашина и пепео:
> за мало се јавља, а брзо нестаје!

Богоизабрана светила – Монахе који се пореде са светиљкама које је сам Бог изабрао да осветљавају путеве спасења целом свету, у духу традиционалних монашких схватања.

Дом пресвете Владичице – Хиландар, у чијем је подизању учествовао и св. Симеон Немања 1198. Светим општежићем се назива ради супротстављања по врсти Карејској испосници. И даље, кад год се у тексту помене „наш манастир", „тај манастир", мисли се на Хиландар.

Ћелије им довољне у Карејама – То су монашке ћелије, по свој прилици конак (стамбена зграда) за хиландарске представнике у Кареји, управном центру Свете Горе, за разлику од испосничке ћелије (Поснице, Исихастирије), коју је свети Сава подигао у посебне сврхе и са нарочитим режимом, прописаним овим типиком.

О р а х о в и ц а – Исто што и Кареја (према значењу грчке речи).

М е с т о з а т и х о в а њ е – У ствари, превод грчког израза „исихастирион", стсл. „млчалница", испосница. Карејска ћелија посвећена је св. Сави Освећеном, Јерусалимском (5. децембра): Ј. Поповић, *Житија светих за месец децембар,* Београд 1977, 129–170. Карејска испосница је и данас на свом месту и у истој функцији. Вид.: С. Ненадовић, *Архитектура Хиландара. Цркве и параклиси,* Хиландарски зборник 3 (1974) 174–178.

стр. 42 Н и п р о т н е м а в л а с т и – Битна претпоставка за статус Карејске ћелије, по овом типику, јесте њена потпуна самосталност, како у односу на светогорског прота, тако и у односу на хиландарског игумана. У статусним одредбама овог документа треба запазити једностраност обавеза што их Хиландар као манастир има према овој Савиној аутономној ћелији. Истина, у гл. 42. Хиландарског типика, која је посвећена Карејској ћелији, укида се и та обавеза манастира Хиландара. Манастир је само и даље бирао карејске ћелиоте по утврђеном поступку. О „келији св. Саве у Кареји" одлично расправља М. Живојиновић, *Светогорске келије и пиргови у средњем веку,* Београд 1972, 91–102.

стр. 43 П о с т в е л и к и – Ускршњи пост, који траје шест недеља (40 дана, отуда „четрдесетница") и још једну недељу, тзв. Недељу страсну (Недељу страдања Христовог), уочи самог Ускрса, што чини укупно 48 дана. Пошто је Ускрс покретни празник, чији се датум одређује по нарочитом поступку, али пада увек у пролећне месеце између 22. марта и 22. априла, почетак великог поста може да падне између 2. фебруара и 5. марта, наравно, по старом календару. О томе: Л. Мирковић, *Хеортологија,* Београд 1961, 201–222 и 256–268.

П о с т Р о ђ е њ а Х р и с т о в о г – Божићни пост који траје 40 дана („Мала четрдесетница"!), од 15. новембра до 24. децембра. Л. Мирковић, *Хеортологија* 273–276.

П о с т С в е т и х а п о с т о л а – Покретни пост установљен у част апостола Петра и Павла (29. јун) и свих апостола (30. јун). Почиње од понедељка после Недеље свих светих иза Педесетница (Духова), што значи да може почети најраније 19. маја, а најкасније 19. јуна, односно да може трајати највише 41 дан, а најмање 10 дана. Л. Мирковић, *Хеортологија* 268–270. Значајно је да *Карејски типик* не помиње Богородичин одн. Успенски пост; овај пост је после много колебања нарочито у светогорској пракси коначно утврђен тек на цариградском сабору 1166. године, али га немају ни *Студитски типик* ни *Типик (Дијатипосис)* Атанасија Атонског; нема га ни *Евергетидски тиӣик* па стога ни Савин *Хиландарски тиӣик*. Отуда истоветно ћутање о Успенском посту и у *Карејском тиӣику.* Л. Марковић, *Хеортологија* 270–273.

стр. 44 С в е т о м – а к о и м а ш – Канон светом ћелиот Савин имаће ако буде имао службени минеј са свим канонима, за одређени дан месеца. Очигледно, допуштала се могућност да таквог минеја у ћелији не буде.

П р е м а м о г у ћ н о с т и – Правило за служење литургије овде је еластично, зато што не морају свагда бити испуњени услови без којих се литургија не може служити, било да су објективни или субјективни. Објективни су услови, сем цркве као здања, свети сасуди и одежде, пет просфора, вино и вода, богослужбене књиге (службеник и јеванђеље), најмање једна свећа; субјективни, осим рукоположења, припрема уздржавањем, постом и молитвом како би се свештенослужитељ могао достојно и причестити. О томе: Л. Мирковић, *Православна литургика* II, 1, Београд 1966², 44–48.

Г о с п о д њ и в е л и к и п р а з н и ц и – Данас су то: Рођење Христово (Божић, 25. децембра), Обрезање Христово (1. јануар), Крштење Христово одн. Богојављење (6. јануар), Сретење Господње (2. фебруар), Ускрс или Пасха, „празник над празницима", често се и не убраја у велике Господње празнике, јер је празник ван сваке категорије, Вазнесење (Спасовдан, 40.

дан после Ускрса), Педесетница (Духови, 50. дан после Ускрса), Ваздвиженије часног крста (14. септембар), Преображење Господње (6. август), Улазак у Јерусалим (Цвети). Л. Мирковић, *Хеортологија* 8–17.

А к о у б о л е с т п а д н е – Мисли се на болест испосника који буде живео у ћелији.

ХИЛАНДАРСКИ ТИПИК

стр. 47 Н а с т а в н и ц а – Хиландар је посвећен пресветој Богородици Одигитрији (Наставници, Путевођељки).

Б о г о н о с н и . . . н е б о п а р н и о р л и – Цео став је поновљен у Упутству за држање псалтира, који је свети Сава превео са грчког. Вид. у овој књизи на стр. 173.

У з и м а ј у ћ и к р с т – Мотив ношења крста и следбања Христу овде је саставни део тропара преподобноме из општег минеја, у парафрази. Тропар иначе гласи:

> У теби се, оче, поуздано спасе слика Божија
> јер узевши крст пошао јеси за Христом
> и делом учио јеси да се презире тело пролазно,
> а да се брине за душу, биће бесмртно;
> зато се и с анђелима радује, преподобни, дух твој!

стр. 47–52 Ц е л о у в о д н о с л о в о , које у рукопису *Хиландарскої тиитика* није нумерисано, одговара мањим делом првоме слову *Еверїетидскої тиитика* (ЕТ). Већи део је Савина самостална компилација библијских текстова.

стр. 52 С л о в о 2 – Врло мало грчког текста ЕТ искоришћено је за српску верзију. Грчки текст је само прототип, општа формула структуре, док је читав садржај одговарајућег слова ХТ самостално Савино дело – кратка повест о настанку Хиландара.

стр. 53 У з е м е н е г р е ш н о г а и з В а т о п е д а – Сава је по своме доласку у Свету Гору био најпре у Русику (Св. Пантелејмону), а онда у Ватопеду. О томе говоре његови животописци Доментијан и Теодосије 22 и д. О с а м м е с е ц и – О читавом питању хронологије боравка Савиног у Светој Гори вид. расправу Ф. Баришић, *Хронолошки проблеми око године Немањине смрти,* Хиландарски зборник 2 (1971) 31–58. Осам месеци је „неко мало време" од доласка у Хиландар, тј. од јула 1198 до смрти 13. фебруара 1199 (у Ватопеду је такође провео осам месеци, од 2. новембра 1197).

С л о в о 3 – Тематски и структурално одговара трећем слову ЕТ, али са независним садржајем. Не би се могло рећи да је овде у питању дословно подражавање Тимотејевом тексту у ЕТ 3, како тврди Баришић, *Хронол. проблеми* 54.

В р е м е н а с м р т – Смрт као завршетка овоземаљског живота је само „привремена" (времена), а не вечна и коначна смрт.

Г о д и н е 6708 – Баришић мисли да је ово погрешка уместо 6707. Према његовој претпоставци, преписивач ХТ је приликом пропошења бројки ҂ѕ҃ ѱ҃ и и҃, растављено исписаних, заборавио да напише з҃ па је везник и у тако дефектно исписаном броју схваћен као и҃ = 8. За ову Баришићеву конјектуру има доста разлога, али В. Мошин не верује у преписивачку грешку; хронолошку колизију он разрешава тезом о погрешној примени тзв. „мартовског датирања": В. Мошин, *Правни списи светога Саве,* Сава Немањић – Свети Сава. Историја и предање, САНУ, Београд 1979, 109–110.

М е т о д и ј а – О томе пише Сава и у студеничком *Житију светог Симеона,* са извесним варијантама вероватно у традицији писарске грешке. У ЖС стоји да Симеон „заветом остави манастир мени грешноме у скромном неком стању, у којем ми отиде, некога преподобног мужа, по имену Методија, са још четрнаесторицом монаха. Обузе ме велика туга и бојазан, једно од пустоши, а друго због страха од безбожних разбојника. Али како се изволи љубави Богоматере и Наставнице наше и светим молитвама господина Симеона, тај храм од незнатног и малог узнесе се у велелепну појаву". Вид. у овој књизи на стр. 143.

стр. 54 Х р и с о в у љ у – Мисли се на Симеонову даровну повељу Хиландару из 1198 (вид. на стр. 35–37 ове књиге).

С л о в о 4 – Превод ЕТ 4, углавном без одступања, О служби првог часа Л. Мирковић, *Литургика* II 1, 29–30.

стр. 55   Е к л и с и ј а р х – Монах који се стара о богослужењу и поретку у цркви током службе, о правилној примени литургијских правила, типика, о појању, читању итд. О томе вид. и на стр. 217 у овом коментару.

Д н е в н и   ј е р е ј – Свештеник, свештеномонах, коме је по распореду („чреди") да тога дана служи црквене службе, пре свега литургију.

У к а з у ј е   р е д – Л. Мирковић даје следеће објашњење: „Мислим да овако треба разумети ово клањање. После молитве ‚Јеже на всако време' – чине се три поклона, а на крају првога часа на ‚Боже ушчедри ни' – чине се 12 поклона. Када се поклони главом до земље, говори се у себи три пута: ‚Сагреших ти Господе, прости ми', а када се устане, рашире се руке, и каже се три пута: ‚Боже очисти ме грешнога и помилуј ме'. Ово се клањање и изговарање врши заједно, као по некој команди, а да би се то у реду извело, сви се угледају на еклисијарха или дневног јереја, који стоји код свештених двери и предњачи у клањању" *(Списи светог Саве* 46, нап. 2).

„Б о г   Г о с п о д" – Почетне речи стихова који се певају на јутрењи у дане када није пост. Када је пост пева се уместо тога „Алилуја", а то је и знак да ће се мењати и литургички режим дневне службе, разуме се опет по утврђеном правилу.

„Б о ж е   в е ч н и" – Молитва међучасија првога часа.

О г л а ш е н и ј е – Читање („чтеније") из дела светих отаца. „Оглашеније" је поука; „мало" је зато што би то требало да буде краћи одломак.

С и н а к с а р – Овде у значењу правила богослужења, типика.

стр. 56 В а с и л и ј е В е л и к и – Црквени отац и писац, један од великих Кападокијаца (330–378), познат и по аскетско-монашким делима. О њему А. Јевтић, *Патрологија* II, Београд 1984, 86–126.

Л е с т в и ч н и к – Јован Лествичник (око 680), византијски аскетски писац, најистакнутији представник „синајске школе". О њему: Д. Богдановић, *Јован Лествичник у византијској и старој српској књижевности,* Београд 1968.

стр. 57 Х р и с т о в о Р о ђ е њ е – Празник Рођења Христовог (Божић, 25. децембар). Још 12 дана – до Богојављења (6. јануар). „Нова недеља" – то је ускршња или пасхална недеља, прва недеља после Ускрса, која се још зове: Антипасха, Обновљење, Томина итд. О томе: Л. Мирковић, *Хеортологија* 213. „Отпусни дани" током године то су тзв. „оданија" празника, дан када се „понавља" успомена већ прослављеног празника: *Хеортологија* 16–17.

С л о в о 5 – Одговара ЕТ 5, као превод не у свему дослован.

Л и т у р г и ј а – Главно богослужење, на коме се врши чин свете тајне евхаристије, претварања хлеба и вина у тело и крв Исуса Христа. О литургији: Л. Мирковић, *Литургика* II, 1, 34–136.

стр. 58 С л у ж б а . . . з а п р и ч е ш ћ е – То је тзв. „последованије" за причешће (аколутија), са молитвама које се читају уочи причешћа, увече и ујутру пре литургије.

О п р о ш т а ј – Традиција међусобне молбе за опроштај код оних који приступају причешћу заснива се на речима Мт. 5, 23–24: „За то дакле ако принесеш дар свој к олтару, и ондје се опоменеш да брат твој има нешто на те, остави ондје дар свој пред олтаром, и иди прије те се помири с братом својијем, па онда доћи и принеси дар свој."

стр. 59 Г л а в а 6 – У препису ХТ мешају се термини „слово" и „глава". У ЕТ нема тога уопште, већ само редни број. Иначе, текст идентичан са оним у ЕТ 6, али само до „Треба игуман" на стр. 12. То је у ЕТ већ глава 7.

Д е в е т и ч а с – О служби деветог часа, који се пева непосредно пре вечерње: Л. Мирковић, *Литургика* II, 1, 14–15. О вечерњи – тамо, на стр. 15–21. „Панихида" је на овом месту свеноћница, бденије, а не помен мртвима: Л. Мирковић, *Литургика* II, 1, 21. Полуноћница се врши у поноћ или рано после поноћи, у општем случају као „прво јутарње дневно богослужење": тамо, 23–24. Јутрења се наставља после полуноћнице: тамо, 24–29. Павечерница – повечерје, мало или велико, после вечерње.

О б и ч а ј н а м о л и т в а – Молитва тзв. „отпуста", завршна формула службе.

Н о ћ н а с л у ж б а – Реч је о молитвеном правилу које монах чита у својој ћелији после завршетка јавне вечерње службе. „По закону" – по типику, црквеном уставу и пропису.

П о д е к л и с и ј а р х – Исто што и „пареклисијарх", а то је помоћник еклисијарха, на црквеној дужности у храму и у вези са богослужењем.

стр. 60 Б л а г о с и љ а Б о г а – Изговара почетну молитвену формулу (возглас): „Благословен Бог наш, свагда сада и увек и у све векове!"

Ш е с т о п с а л м и ј е – Утврђена група од шест псалама, која се чита у првом делу јутрење: Пс. 3, 37, 62, 87, 102, 142. Занимљиво је да и у данашњим часословима са јутрењом, испред Шестопсалмија стоји упозорење да га ваља слушати „са сваким ћутањем и скрушеношћу", а читати „са побожношћу и страхом Божјим".

Т р е б а д а к а ж е м о – Овај параграф „о душеспасном исповедању" је у ЕТ слово 7.

А к о п р и м а д е ц у д у х о в н у – Ако игуман врши и функцију духовника, духовног оца, који је исповедник. „Духовни отац" је древна институција православног монаштва: „старац", искуснији монах који је способан да саслуша и поучи друге, који му откривају све, не само свако своје дело него и сваку своју мисао („исповедање помисли"). То је својеврсна аскетска психотерапија.

стр. 62 Ч и с т о и с п о в е д и т е – „Не треба да исповедаш телесне грехе онако како су учињени, у појединостима, да не би сам себе навео на искушење" (Јован Лествичник, *Лествица,* Београд 1963, 198).

С е б е п р е к о р е в а т и у с в е м у – Мисао из *Лествице:* „Стога смо дужни непрестано осуђивати себе и бити незадовољни са собом, да бисмо се добровољним нипоодаштавањем себе оправдали за нехотичне грехе" *(Лествица* 198).

Г л а в а 7 – То је друга половина ЕТ 7.

стр. 63 В а с и л и ј е – Опет Василије Велики, вероватно из *Монашких правила:*

Л е с т в и ч н и к – То је дословни навод из Слова IV: „Ране које се открију, не само што се не погоршавају него се лакше и лече", односно „Душу која стално мисли на исповест, исповест као уздом спречава да не греши, јер грехове које не исповедамо ми чинимо већ без икакве бојазни" *(Лествица* 34 и 45).

В е л и к о, п р в о и с п о в е д а њ е – Потпуно исповедање уочи примања монашког пострига и полагања завета. О томе: Л. Мирковић, *Литургика* II, 2, 162 и д.

С л у ж б е с в е т и х п о с т о в а – У „синаксарском" делу типика (који свети Сава није превео), пошто се ове службе одликују већим специфичностима. То је првенствено Велики или Ускршњи пост (Четрдесетница), али и још два поста – Божићни и Апостолски. Као што се види из *Карејског типика,* Успенски пост свети Сава још није увео.

Г л а в а 8 – Одговара глави ЕТ 8, само што је тамо и завршна реченица из ХТ 7.

Б д е н и ј а – Службе у којима се спајају вечерња (и то велика вечерња) са јутрењем, и служи преко ноћи. Типичне за јерусалимску богослужбену праксу. Бденија имају пре свега велики празници; њима се „бденије и сва служба свршава по уставу", данас, у типику обележени црвеним крстом у кругу. То су сви празници Господњи, Богородичини и Претечини Бденије се врши и на „средње празнике" (са знаком крста у полукругу), и то – према данашњем, дефинитивно развијеном јерусалимском уставу: Јован Богослов (26. септембар), Јован Златоусти (13. новембар), Св. Никола (6. децембар), Три јерарха (30. јануар), Св. Ђорђе (23. април), Ап. Јован Богослов (8. мај). Поред тога, у минеју служабном има и више служби где је одређено бденије: тамо где су храм и мошти светога, и где хоће настојатељ (Л. Мирковић, *Хеортологија* 13–14).

стр. 64 Г л а в а 9 – Истоветан текст као ЕТ 9. Чин трпезе („трапезе") је исто што и тзв. „чин о панагији бивајеми во обитељех по всја дни" у данашњем црквенословенском часослову. Врши се после литургије за главни обед, ручак.

Д и ј а к л и з м о – Сава тумачи овај појам речима „то јест пошто се узело мало анафоре и испило вина". Наводимо и цео Мирковићев коментар: „Јагић каже за ово место овако: ,то је уметнуто као неко тумачење ријечи. Ако је тако, тада тумачење не ваља.' Ми, напротив држимо да је ово тумачење добро, а Јагић можда мисли да етимолошки није добро ово тумачење речи διακλνομόζ." (*Спиcи свеtoga Саве* 58, нап. 1).

П р в о   о б е д о в а њ е – Под претпоставком да има већи број монаха, они се деле на две групе те обедују једни за другима, утврђеним редом.

У о б и ч а ј е н и   п с а л а м – То је, према данас важећем типику, Пс. 144 („Узнећу те, Боже мој, цару мој!").

М а л а   м о л и т в а – Молитва благосиљања трпезе, коју изговара управо игуман или чредни (дневни) јереј: „Христе Боже, благослови јело и пиће рабима твојим, јер си ти свет, свагда, сада и увек, и у векове векова, амин."

стр. 65 Ч и т а њ е   н а   о б е д и м а – Стара је манастирска пракса да се у општежићу за време обеда чита неки поучни текст из светоотачке књижевности или житија светих. Тиме се и у току телесне исхране даје предност духовној храни.

Т р п е з а р – Монах чија је дужност да припрема трпезу, да поставља, износи јело и послужује, али и да води рачуна о реду за време обеда. О томе Ф. Гранић, *Црквеноправне одредбе хиландарског типика св. Саве о настојатељу и осталим манастирским функционерима,* Богословље 10 (1935) 187.

стр. 67 О б и ч н а м о л и т в а – После обеда, завршна молитва благодарења и благослова: „Захваљујемо ти, Христе Боже наш, што си нас нахранио земаљским твојим добрима; не лиши нас и небеског твојег царства, но као што међу ученике твоје дошао јеси, Спасе, мир им дајући, дођи и к нама, и спаси нас!"

В е ч е р а – За вечерњи обед има такође посебних молитава пре и после јела. Треба запазити да вечерњи обед није никако обавезан за све.

П о д и к о н о м – Исто што и „параеконом", помоћник економа. У грчкој терминологији, то је „епистимонарх".

стр. 68 Г л а в а 10 – Текст ове главе је настао превођењем и прилагођавањем појединих делова ЕТ 10. На пример, у ХТ је изостављен читав одељак о „једењу рибе у току Четрдесетнице и на Благовести".

О п о с т о в и м а – Вид. објашњење у коментару *Карејског типика,* у овој књизи на стр. 200 и 201.

П р а з н и к ... Т е о д о р а – Светом великомученику Теодору Тирону посвећена је прва субота Великог поста („Теодорова субота").

У к р о п – „Укроп водени са кимином", нека врста посне супе без уља, само зачињене.

О б р е т е н и ј е г л а в е П р е т е ч е в е – Празнује се на дан 24. фебруара (Прво и Друго обретеније) и 25. маја (Треће обретеније). О томе Л. Мирковић, *Хеорѿологија* 122–129.

С в е т и х 40 м у ч е н и к а – Празнују се 9. марта Ј. Поповић, *Житија светих за месец март,* Београд 1973, 157–165.

Б л а г о в е с т и – Празник је 25. марта и по правилу пада у Велики пост.

стр. 69 А к о л и п р е р е ч е н и п р а з н и к – Мирковић у напомени преводи грчки текст ЕТ, од којег ХТ овде одступа: „Ако се напред речени св. празник стече са овим остракодермима, као што рекосмо, то рибе нећемо јести, а вино ћемо пити великим красовољем, а слично ћемо све чинити ако се стече и на Велики Четвртак, Велики Петак и на саму Велику Суботу. А у свети четвртак према отпусним данима четрдесетице биће вам јело у вариву и вину" (*Спиcи светоѓ Саве* 65, нап. 1).

С в е т а с у б о т а – Велика субота, уочи Ускрса.

стр. 70 Г л а в а 11 – Текст ЕТ 11, разуме се и овде са заменом „Наставнице" (Одигитрије) уместо

„Благодетељнице" (Евергетиде, као и у *Сѿуденичком ѿиѿику).*

В а в е д е њ е – Главни празник, Слава манастира Хиландара, јер је храм хиландарски посвећен Ваведењу. То је успомена на увођење пресвете Богородице као девојчице у јерусалимски храм, 21. новембра: Ј. Поповић, *Жиѿија свеѿих за месец новембар,* Београд 1977, 631–644.

стр. 71 Г л а в а 12 – Прилагођен текст ЕТ 12.

П р о т – Протепистат, изборни старешина Свете Горе, данас са једногодишњим мандатом.

С в е т о г а о ц а – Светога Симеона Српског као ктитора манастира Хиландара.

Х р и с о в у љ и м а – Мада је ово формуларно место из ЕТ, Сава мисли на оснивачку повељу византијског цара Алексија III Анђела од јуна 1198 (Actes de Chil., No. 4), можда и на сигилиј истог цара од јуна 1199 (Actes de Chil., No. 5), сигурно и сигилиј, простагму и практик с почетка 1198. Наравно, ту је и Немањина хрисовуља из 1198.

Б л а г о д е т е љ н и ц а – Тачан превод према ЕТ, али овде је требало да буде „Наставници"; очигледна омашка из протографа.

318 с в е т и х о т а ц а – Оци првога васељенског, никејског сабора (325. године), који су осудили и анатемисали Аријеву јерес.

стр. 72 Г л а в а 13 – Само по једном делу назива одговара ЕТ 13, иначе је текст у првој половини сасвим друкчији – то је Савина концепција избора и постављења игумана одлуком манастирског сабора уз симболично присуство цара – чији је манастир („царски“) – у виду „штапа“ (палице, жезла). На специфичности избора игумана по ХТ указује Ф. Гранић: „Изборни систем хиландарског типика (ц. 13) показује извесно отступање од напред приказаних изборних система. Упражњено место попуњује се избором, а никако назначењем од стране било ког фактора; изборно тело је састављено од економа, еклизијарха и 10–12 најстаријих монаха. И у погледу изборног локалитета отступа хиландарски типик од грчких типика X–XII. века; у ман. Хиландару, насупрот пракси осталих манастира, избор се врши у св. храму, а после свршеног изборног чина изборно тело напушта св. храм и изван св. храма објављује исход избора. Веома је чудновато да се у контексту оних одсека типика, који говоре о избору игумана, нигде не спомиње обављање призивања св. Духа непосредно пред сам изборни чин“ (Ф. Гранић, *О настојатељу* 176). Друга половина главе („А на овај начин“ итд.) о самом церемонијалу постављења преузет је из ЕТ 13 (по издању В. Ћоровића 82, 1–25). Гранић то потврђује: „Аколутија интронизације ... потпуно се слаже с аколутијом евергетидског пролога“ (тамо, 177).

стр. 73   Г л а в а 14 – Текст је из ЕТ 13, али у комбинацији ед. Ћоровић 82, 25–30 па онда 80, 13 и даље.

И к о н о м – Економ, монах који у манастиру општежитељног уређења води манастирско газдинство и стара се о материјалној страни живота обитељи. По речима Гранића, „у низу манастирских функционера заузима после игумана-настојатеља најважније место манастирски економ (οἰκονομος) који је управљао целокупним манастирским иметком. Разгранати послови манастирског господарства, деликатност односа према радној снази на манастирским подузећима, те обимност пословног саобраћаја са спољашњим светом захтевали су, поред религиозних врлина, велике интелигенције и темељног познавања господарства још и зрелије доба, јаку енергију, велику окретност и тактичност у саобраћају са људима" (Ф. Гранић, *О насйојайељу* 181 и д.).

стр. 74   П о д и к о н о м – Помоћник иконома, параекоком.

стр. 75   Г л а в а 15 – Текст Савин, нема га у ЕТ.

Е к л и с и ј а р х – „По важности службе одмах иза економа долази еклизијарх (ἐκκλησιάρχησ) који одговара канонарху у манастирима ранијих времена... Евергетидски пролог нема одговарајуће главе... У делокруг еклизијарха спада... старање о тачном одржавању богослужења, прописном вршењу канона при богослужењима, читању диптиха, одржавању панихида по синаксару, о чистоти и реду у св. храму, о паљењу воштаних свећа..." (Ф. Гранић, *О настојатељу* 185).

стр. 76 П о д е к л и с и ј а р х – Помоћник еклисијарха, пареклисијарх.

П а н и х и д е – Помени мртвих, који се врше по прописима ХТ 35 и 36.

М е с о п у с т – Претпоследња припремна недеља Великог поста (Недеља месопусна, Месне покладе, Месојеће). Вид. Л. Мирковић, *Хеортологија* 144–145.

Г л а в а 16 – Нема је у ЕТ, Савин оригинални састав.

стр. 78 Г л а в а 17 – Текст ЕТ 15.

стр. 79 Г л а в а 18 – Текст ЕТ 16.

стр. 80 В а с и л и ј е – Текст из дела Василија Великог:

стр. 81 Г л а в а 20 – Текст ЕТ 18.

стр. 82 Г л а в а 21 – Текст ЕТ 19.

стр. 83 Г л а в а 22 – Текст ЕТ 20.

Д о х и ј а р – „На челу финансијског отсека манастирске управе, која је у V и VI веку био саставни део општег господарског отсека у манастирима, налази се дохијар (δοκειάριος) Хиландарски типик у гл. 22 сасвим сумарно помиње дохијара у вези с осталим манастирским функционерима, којима је стављено у дужност да уводе у манастирски благајнички дневник своте прихода и расхода" (Ф. Гранић, *О настојатељу* 184).

П а р и к о н о м – Помоћник економа, подикoном.

С п о љ а ш њ и и к о н о м – Помоћник економа, који води послове ван самог манастира.

Г л а в а 23 – Текст ЕТ 21.

стр. 84 П р о т и в н о м е – Сатани, ђаволу, кушачу. Када се овца удаљи „од ограде, стада и пастира" постаје лак плен вука. У овом случају вук је симбол ђавола.

Н е к а с е о д л у ч и – Нека буде одлучен од светог причешћа за извесно време (тзв. „мало одлучење", за разлику од „великог", које је екскомуникација, изопштење, истеривање из цркве).

Г л а в а 24 – Текст ЕТ 22. Овим је прописана и делимична клаузура, ограничење (забрана) преписке. О овоме Ф. Гранић, *Црквеноправне одредбе Хиландарског типика св. Саве,* Светосавски зборник 1, Београд 1936, 93: „Вероватно да творац Хиландарског типика, с обзиром на политичку мисију манастира Хиландара, те тим условљену потребу слободнијег кретања хиландарских монаха, није сматрао опортуним да уноси у типик нарочите одредбе о клаузури".

стр. 85 Г л а в а 25 – Текст ЕТ 23.

Г л а в а 26 – Текст ЕТ 24.

стр. 86 Г л а в а 27 – Ове главе нема ЕТ, текст је светога Саве.

Ц р к о в н и ц и – Монаси који обављају дужности у цркви: еклисијарх, пареклисијарх и сл. „Овај привилегисани положај црковника био је несумњиво последица њихове специјалне службе која је сматрана важнијом и узвишенијом од осталих служби у манастиру" (Ф. Гранић, *Црквеноправне одредбе* 84–85).

стр. 87 Г л а в а 28 – И ово је Савин текст, нема га ЕТ.

стр. 88 Г л а в а 29 – Текст ЕТ 26.

Г л а в а 30 – Текст ЕТ 29. Хиландарски типик нема текста ЕТ 30, о скевофилаку и дохијарима у манастиру.

К љ у ч а р – Грчки „келарит", имао је надзор над залихама намирница и ове је издавао за дневну потрошњу (Ф. Гранић, *О настојатељу* 187).

стр. 89 Г л а в а 31 – Текст ЕТ 31.

стр. 90 Г л а в а 32 – Текст ЕТ 32.

Глава 33 – Текст ЕТ 33. Наслов је у ЕТ друкчији.

стр. 91 Али боља је... љубав – Мисао Јована Лествичника: „Љубав је већа од молитве; молитва је делимична врлина, а љубав је врлина свеобухватна" *(Лествица* 161).

стр. 92 Глава 34 – Текст ЕТ 34.

Глава 35 – Текст ЕТ 35 као модел, али садржај други, Савин.

Панихиде – Помени мртвима, парастоси: Л. Мирковић, *Литургика* II, 2, 177–180. Овде су, међутим, два помена Савиним родитељима – Симеону и Анастасији (Ани). Немањина жена и Савина мати Ана живела је као монахиња Анастасија у манастиру Свете Богородице у Расу. Умрла је 21. јуна, вероватно већ пре 1200. године, и сахрањена или касније пренета у Студеницу. Могућно је да се њен гроб налази у припрати Никољаче (мале цркве св. Николе у студеничком комплексу). Вид.: Л. Павловић, *Култови* 188; С. Мандић, *Древник. Записи конзерватора,* Београд 1975, 48–64 (у чланку *Моленије рабе Божије монахиње Анастасије).*

стр. 93 Глава 36 – Текст ЕТ 36.

Просфора – Освећени хлеб, који се у литургији употребљава за евхаристију; из њега се ваде честице за живе и мртве.

стр. 95 Глава 37 – Текст ЕТ 37.

стр. 96 Г л а в а 38 – Текст ЕТ 38.

Г о с т и н и ц а – На грчком „ксенодохион" (стсл. странопријемница), здање са собама за смештај намерника, путника и сиротиње. Аутор типика каже да је за подизање гостинице „испросио место до некога христољубивога", али су то речи Евергетидског типика, па вероватно нису податак о подизању некога хиландарског ксенодохиона. То важи и за „гробље за странце" (грч. „ксенотафион"), којега у Хиландару нема.

стр. 97 Г л а в а 39 – ЕТ 40. Хиландарски типик нема ЕТ 39, у којој се женама потпуно забрањује приступ манастиру.

стр. 98 М у ч е н и к а П о л и е в к т а – Помен овога светог мученика, који се празнује 9. јануара, није из Евергетидског типика. Његово страданије вид.: Ј. Поповић *Житија светих за месец јануар,* Београд 1972, 261–265.

стр. 99 Б о л н и ц а – Хиландарска болница је прва српска болница за коју постоје писмени подаци о њеном постојању, организацији и режиму живота и неге у њој. Г л а в а 40 је иначе преузета из ЕТ 41 („О носокомиону") па се може сумњати у то да је у тренутку писања ХТ једна таква болница већ била уређена, али је сигурно да се она имала сразмерно брзо основати. Да је у средњем веку она заиста постојала (као што постоји и данас), зна се и из других поузданих извора, а поготову из даровница за болницу као што је Лазарева из 1379/80 (Actes de Chil. II 40–41, No. 66). О хиландарској болници вид.: Л. Павловић, *Срйске манастирске болнине у доба Немањића,* Зборник Православног богословског факултета 2 (Београд 1951) 555–566.

стр. 100 Г л а в а 41 – Текст ЕТ 42.

П р е д а н и в а м н о м о к а н о н – Свакако не може бити говора о *Номоканону свейоī Саве* или *Крмчији,* који настаје тек поводом добијања и организовања аутокефалије, 1219–20. Постоје две могућности: да је то ипак један старословенски номоканон-законик, старије редакције, или друга, да је по среди тзв. „покајни" номоканон („епитимијни" номоканон Јована Посника). Вероватније је оно прво: законик старије редакције.

стр. 101 Г л а в а 42 – Савин текст, нема га у ЕТ. О статусу Карејске ћелије вид.: М. Живојиновић, *Свейоīорске келије и йирīови у средњем веку,* Београд 1972, 91–102.

стр. 103 Г л а в а 43 – Текст ЕТ 43.

ЖИТИЈЕ СВЕТОГ СИМЕОНА

стр. 117 Наш свети манастир овај – Студеница, манастир свете Богородице Добротворке (Евергетиде), који је подигнут између 1183. и 1196. године. Задужбина Стефана Немање, у монаштву Симеона, добила је свој устав или типик од светог Саве за време његова управљања манастиром по доласку из Хиландара, око 1207. Уводни део *Студеничког типика* чини ово *Житије светог Симеона,* по жанру ктиторско житије. Отуда се приликом помињања „овог манастира", „овог места" и сл. у тексту мисли на Студеницу.

Пропалу своју дедовину – О границама српске земље под Немањином владавином и идентификацији појединих области: К. Јиречек, *Ист. Срба* I 157, II 7. Рабан је, у ствари, Арбанија, а „оба Пилота" (Горњи и Доњи) су у залеђу Скадра, углавном у данашњој албанској Малесији. Патково је у југозападној Метохији (данашњи Хас) између Ђаковице и Призрена с десне стране Белог Дрима. Хвосно – северни део Метохије, у изворишту Белог Дрима, одн. око Пећи. Подримље – средње поречје Белог Дрима у Метохији, око данашњег Ораховца. Кострц – средишњи део Косовске котлине (Штимље). Дршковина – поречје реке Клине (у средњем веку – Книне), леве притоке Белог Дрима, у Метохији. Ситница – област око истоимене реке на Косову пољу. Лаб – око реке истог имена на Косову. Липљан – на Косову пољу Глобочица (Дубочица) – у поречју Јабланице, леве притоке Јужне Мораве око данашњег Лесковца. Реке – на левој обали Јужне Мораве у подножју Јастрепца према ушћу Моравице. Ушка – источно од Глобочице око Нишаве и Власине. Поморавље – око Јужне Мораве, недовољно јасна убикација. Заглата – око Ђуниса између Јастрепца и састава двеју Морава. Левче – и данас под тим именом у изворишту Лугомира. Белица – око реке Белице, притоке Велике Мораве (око Јагодине), северно од Левча. Видети о томе још: М. Динић, *Српске земље у средњем веку,* Београд 1978, 72–75, са картом; *Историја срп. народа* I, 258 (Ј. Калић) и карта М. Благојевића на стр. 303. Под „грчком земљом" подразумева се територија византијске државе, под непосредном влашћу византијског цара.

стр. 118 С в е т и т е љ е – У старом словенском одн. српском језику то су архијереји, епископи, владике.

М а н а с т и р е – Свети Никола у Топлици, црква у непосредној близини Куршумлије, у којој је од 1220. године седиште топличке епископије. Света Богородица у Топлици, на ушћу реке Косанице у Топлицу, сада у рушевинама. Свети Георгије (Ђорђе) у Расу – Ђурђеви Ступови код Дежеве у Старом Расу, подигнути 1170/71. Вид.: J. Нешковић, *Ђурђеви Ступови у Расу,* Рашка баштина 1 (Краљево 1975) 149–159 са прегледом дотадашње литературе.

Златопечатна повеља – Студеничка хрисовуља се није сачувала ни у оригиналном свитку ни у зидном или каквом другом препису. Својеврсни покушај реконструкције садржаја: М. Благојевић, *Закон светога Симеона и светога Саве,* Сава Немањић – Свети Сава 129–166.

стр. 119 Алекса Комнен – Византијски цар Алексије III Анђео, а не Комнин (1195–1203). „Алексије III је типичан производ овог доба опадања. Крајње властољубље спојило се у њему са кукавичком слабошћу. Као да је хтео да карикира велике владаре из династије Комнина, овај сујетни слабић називао је себе Комнином, јер му име Анђела није изгледало довољно отмено" (Г. Острогорски, *Историја Византије,* Београд 1969, 383). Алексијевом ћерком Евдокијом био је ожењен средњи син Немањин, Стефан, све док је 1201. или 1202. није отерао у Цариград. О Евдокији и Стефановом првом браку: Н. Радојчић, *Прваженидба Стефана Првовенчанога,* Глас СКА 90 (1912) 268–292; J. Радонић, *Јевдокија прва жена Првовенчанога,* Слике из историје и књижевности, Београд 1938, 82–89; М. Ласкарис, *Византијске принцезе у средњовековној Србији,* Београд 1926, 7–8.

стр. 120 С о л о м о н о в у п р е м у д р о с т – Из вечерње стихире на „Господи вазвах", за празник цара Константина и царице Јелене (21. мај).

стр. 121 К а д а ј е н а в р ш и о 37 г о д и н а у д р ж а в и с в о ј о ј – Сабор у Расу и абдикација Стефана Немање, као и његово замонашење, догодили су се 1196. године. Према томе, и овде је година византијске ере вероватно требало да буде 6704, а погрешком написана 6703. Такву претпоставку вид. код Ф. Баришића, *Хронол. проблеми* 55 и нап. 64.

стр. 122 С в е љ у д с к о – Самогласна погребна стихира Јована Монаха, гласа трећег, из чина опела (цсл. почетак: „Всја сујета человјеческаја").

К р а т а к ј е п у т – Према Јак. 4, 14 стихира стиховна у петак на вечерњи, гласа трећег („мертвен", грч. „некросимон"), у октоиху.

О в а ј ж и в о т – Седилна после треће песме погребног канона, гласа шестог, у чину опела (цсл. почетак: „Воистину сујета всјаческаја").

стр. 123 С в и х 38 т в о ј и х г о д и н а – По Ф. Баришићу, *Хронол. проблеми* 55, нап. 63а) ово би требало да буде очигледна грешка преписивача, уместо 37 као на другим местима.

стр. 124 С т е ф а н а   Н е м а њ у – Другог (средњег) сина Немањина, Стефана Немањића, потом првовенчаног краља Србије. На овом сабору Стефан није „венчан" за краља, већ је само уздигнут на престо великог жупана српског. У историјској науци се доста расправљало о могућним разлозима за постављање млађег сина за владаоца уместо најстаријег по праву прворођства. Обично се разлози виде у дејству политичке промене у Византији: 1195. је превратом ступио на престо Алексије Анђел, Стефанов таст, а Стефан је стекао високу титулу севастократора. О томе: *Историја срп. народа* I, 263–264 (С. Ћирковић).

К н е з а   В у к а н а – Вукан је најстарији син Немањин, који није наследио Немању упркос праву прворођства (примогенитуре). Област кнеза Вукана је Зета („Краљевство Далмације и Дукље"). Сава потом не помиње сукоб између браће, до кога је дошло после Немањине смрти у Хиландару (1199), у раздобљу од 1202. до 1205. године.

К а о   И с а к   Ј а к о в а – Аналогија је у околности да Јаков, мада други син, добија очев (Исаков) благослов, уместо првога сина, Исава. Вид.: Пост. 27, посебно стихови 36–37, 40–41 итд.

стр. 128 С в е т у   Б о г о р о д и ц у   Д о б р о т в о р к у – Студеница је посвећена Богородици „Добротворки" (Евергетиди), као истоимени манастир у Цариграду.

стр. 129 О н и к о ј и с е у з д а ј у – Трећи антифон другог гласа на васкрсној јутрењи у недељу, у октоиху.

стр. 130 Н а ј м л а ђ и – Сава говори о себи, скривајући се иза безименога трећег лица.

С к о н ч а т и т р к у – Поређење живота са трком је библијско, по апостолу Павлу: 2 Тим. 4, 7–8; 1 Кор. 9, 24–26.

стр. 131 Д и о н и с и ј а ј е р о м о н а х а – На спољњем јужном зиду студеничке главне цркве налази се уклесан натпис: „Помени Господи раба својего Дионисија бившаго прваго игумена светаго места сего. Месеца јуна почива 1. дан". Вид. о томе натпису и питању „првог игумана" Студенице: С. Мандић, *Древник,* Београд 1975, 89–95 („Први игумани манастира Студенице").

стр. 132 В а т о п е д – Један од водећих грчких манастира у Светој Гори (данас је други по рангу, одмах после Велике Лавре). Основан мало пре 985, за живота св. Атанасија Атонског, оснивача првога великог манастира у Светој Гори Велике Лавре (963). Вид.: Mendieta, Mount Athos, 33, 62 пар. 1, 72. Као што се зна из других извора, Сава се замонашио у Русику-Пантелејмону, али је одмах потом прешао у Ватопед и ту дочекао оца. Нпр. Теодосије, *Житије светог Саве,* Београд 1984, 14–22 и д.

Измоли у цара кир Алексе – О томе види: Ф. Баришић, *Хронол. проблеми* 31 и д. Сава не именује овде „место то", но у питању је запустели манастирић Хиландар у Милејама (вид. и чланак М. Живојиновић, *Манастири Хиландар и Милеје* Хиландарски зборник 4 (1978) 7–14). Годину и пет месеци – то значи до смрти 13. фебруара 1199, рачунајући од поласка из Студенице 8. октобра 1197 (Баришић, тамо 56).

Неисказана Божја сахођења – Сликовит израз за чудесна дејства божанских сила у човеку, јер Бог тада као да силази („саходи") са својих висина у низину човековог бића.

стр. 133 Ливаду мира – Мотив из аренге *Хиландарске повеље* Стефана Немањића из 1200–1202, свакако добро познате светом Сави. То је опште место средњовековне књижевности, о чему С. Радојчић, *Хиландарска повеља Стефана Првовенчаног и мотив раја у српском минијатурном сликарству,* Хиландарски зборник 1 (1966) 41–50 (= исти, *Узори и дела старих српских уметника,* Београд 1975, 33–43). Ливада мира је рај, а Света Гора као та ливада – рај на земљи; птица која се ту помиње је сам Сава монах, као што изричито и каже Стефан Немањић.

стр. 135 У 7. дан – У рукопису као да стоји з̃і (17), али то ће пре бити з̃і-, ознака за редни број (као нпр. 7-и!). Вид.. В. Ћоровић, *Списи св. Саве* 166. О томе Ф. Баришић, *Хронол. проблеми* 55, нап. 63 б); у истој расправи и о датумима који следе.

стр. 137 О д с е д м о г а   д а н а – Исправљена очигледна погрешка у рукопису: „од седмога на десети дан" = од седамнаестога дана, тј. од з҃і- дана; вид. горе.

стр. 138 У 11. д а н – Исправљено према анализи Ф. Баришића, *Хронол. проблеми* 55, нап. 63 б). У рукопису, иначе, стоји к҃в = 22.

12. д а н – Исправљено према сугестији Ф. Баришића, на наведеном месту и у истој напомени. У рукопису је исто к҃в = 22.

Д о н е с и   м и   п р е с в е т у   Б о г о р о д и ц у – Икону пресвете Богородице. У Хиландару се чува византијска мозаична портативна икона с краја XII века, за коју се по предању сматра да је то она икона пред којом је издахнуо Симеон Немања. Репродукција у монографији *Хиландар,* Београд 1978, 59 (Д. Богдановић – В. Ј. Ђурић – Д. Медаковић).

стр. 141 У о б и ч а ј е н е   п е с м е – То су погребне песме, али из чина монашког погреба, који се доста разликује од опела световњака (лаика). О томе: Л. Мирковић, *Литургика* II, 2, 184–186.

М н о г и   н а р о д и – Важан податак о екуменском, свеправославном карактеру светогорске монашке заједнице. Главнину монаха крајем XII века чинили су, наравно, Грци, но потом се нижу и по броју и по угледу Иверци (Грузинци, Ђурђијанци), Руси, Бугари и Срби. Ђурђијанци су имали свој манастир Ивирон, Руси

– Пантелејмон, Бугари – Зограф, а Срби – Хиландар.

стр. 142 До деветога дана – Деветог дана по смрти, када се по типику врши помен, панихида. Панихида се иначе „врши над умрлим за време док је још изложен у дому пре погреба, затим у 3, 9. и 40. дан после смрти" (Л. Мирковић, *Литургика* II, 2, 179).

стр. 143 Методија – Тако ревидирано према оригиналу. Башић и Мирковић, међутим, ово место погрешно разумеју. Башић: „у неком малом броју, из кога ми отиде неки пречасни муж, по имену Методије, оставив ме сампетнаестога" *(Старе српске биографије* I, Београд 1924, 22). Мирковић: „Када је овај блажени отац наш прешао на вечни покој, заветом остави манастир мени грешноме у малом неком начину (броју), из кога ми отиде неки преподобни муж именом Методије, монах сам петнаести" (стр. 131). У ствари, није отишао Методије, већ Симеон, а остају са Савом Методије и још четрнаесторица монаха. Упор. објашњење *Хиландарског типика,* на стр. 53 у овој књизи.

Осам година – Почев од 1199, то је 1207. Цариград је пао још 13. априла 1204. Сава изгледа рачуна од смрти Симеонове 1199. све до времена када добија позив из Србије, што значи да је у Светој Гори још две године после пада Цариграда. То се види из саопштења да је

Симеоново тело лежало у гробу „осам година" (стр. 27). Упад Латина у Свету Гору датира се обично око 1205: Ф. Баришић, *Хронол. проблеми* 50; Д. Анастасијевић, *Година преноса моштију св. Симеона из Хиландара у Студеницу,* Богословље 1 (1926) 75 и д.

стр. 144 Х в о с н о – Област у северном делу Метохије, на североисток од Пећи. Сава се у Хвосну задржао вероватно као у пограничном месту одн. области где се већ морала налазити црква или манастир, потом од 1220. године седиште нове светосавске (хвостанске) епископије. Реља Новаковић закључује да се под местом Хвосно овде подразумева Студеница Хвостанска: *О неким питањима подручја данашње Метохије крајем XII или почетком XIII века,* Зборник радова Византолошког института 9 (1966) 203; В. Кораћ, *Студеница Хвостанска,* Београд 1976, 139.

С в е т и т е љ а – Рашког епископа.

Ј о с и ф – У повести о погребу праоца Јакова у Пост. 50, 13–14.

О в о ј с в е т о ј ц р к в и – Студеници.

стр. 145 Н е к а в а м ј е з н а н о – Сажети преглед Немањиног живота.

Р и б н и ц а – На месту касније Подгорице.

Ц р к в а С в е т и х а п о с т о л а – Стара црква Петра и Павла у Расу код данашњег Новог Пазара, подигнута још у IX или X веку, седиште рашког епископа, под јурисдикцијом Охридске архиепископије до 1219. одн. 1220. године.

Друго крштење – У ствари то нису два крштења већ је други пут поновљен (или први пут обављен) чин миропомазања. Сам чин крштења се у православној цркви не понавља ако је извршен у римокатоличкој цркви. Из самог текста се види да је то била само молитва (посебна молитва за примање правилно крштених иновераца) са чином миропомазања. О томе упор.: Л. Мирковић, *Литургика* II, 2, 65–66.

Престављење ... 6708. године – Према сугестији Ф. Баришића, то је преписивачка погрешка; требало је да стоји 6707. године – 1199. *Хронол. проблеми* 51, 54–56.

СЛУЖБА СВЕТОМ СИМЕОНУ

стр. 149 Л е с т в и ц а – Мотив лествице Јаковљеве (Пост. 28, 12–17) овде је у служби идеје подвижничког успона ка висинама небеског савршенства и бестрашћа. У средњовековну духовност је ушао нарочито захваљујући делу синајског игумана Јована Лествичника († око 680), омиљеној лектири светог Саве, Стефана Првовенчаног и др. У преводу на савремени српски језик: Свети Јован Лествичник, *Лествица,* Београд 1963 (прев. Д. Богдановић). Стихира којом почиње Савина *Служба светом Симеону*, иначе, преузета је са мањим прилагођавањем из византијске *Службе преподобном Симеону Стуйнику* (1. септембар). У тој стихири изворно нема стиха „у отачаству ти пут показа царевима" (уместо овога: „имаш стуб свој") нити „светилниче отачаству ти" (ум. тога: „светилниче васељене"). И друга стихира је делимично из *Службе Симеону Стуйнику*, опет са заменом „отачаству" ум. „стуба" и са стихом „исправљао си на веру истиниту стадо ти", којега у моделу византијске службе нема. Ниједна остала песма Савиног састава није више преузета, осим, разуме се, ирмоса у канону, који су из ирмологије одн. из октоиха. Разлике, пак, према Ступниковој служби су карактеристичне истицањем „отачаства" у овом српском култу.

И л и ј а – Старозаветни пророк Илија Тесвићанин, који је живео у првој половини IX века пре н. е.; узнео се на небо жив, у огњеним колима (3 Цар. 17–22; 4 Цар. 1–2, нарочито 2, 11–12). Вид. и житије на дан 20. јула: J. Поповић, *Житија светих за месец јул,* Београд 1975, 505–522.

П у т п о к а з а ц а р е в и м а – Јасно програмско место: живот св. Симеона има да буде модел, образац, прототип понашања и живота српских владара. *Служба светом Симеону* већ у својој првој песми и управо у оригиналном Савином стиху утврђује темеље владарске идеологије немањићке Србије.

Н е б е с к и ч о в е к – з е м а љ с к и а н ђ е о – Фигура парадокса, омиљена у химнографији преподобних па и у *Служби Симеону Ступнику*.

С в е т и л н и к – Алузија на Мт. 5, 14–16: „ви сте видјело свету" итд.

стр. 150 Д р в о н а п а ј а н о – Симбол обделавања и узраста одн. симбол праведника: Пс. 1, 3 („дрво засађено крај водених потока"; „дрво плодовито").

Т р п љ е њ е – Хришћанска и монашка врлина подношења сваке невоље, искушења и муке са захвалношћу Богу, без роптања.

Силом Светога Духа – Циљ хришћанског подвига, постати сличан Христу, повратити божанско обличје у себи, остварује се једино уз помоћ самога Бога одн. силом Духа, а не властитим снагама. Овде је сличност Христу и у акту напуштања „владарства својег": као што је Христос – Син Божји „напустио" свој небески престо сишавши међу људе (вид. нпр. Флп. 2, 5–11), тако и Немања оставља свој престо. „Узети крст" – вид. Мт. 10, 38; 16, 24 итд.

Твоје синове – Вукана, Стефана, Саву, који су окупљени око Симеонових моштију у Студеници 1207 (или 1208) године.

Мимоишао си царство земаљско – Једна од кључних идеја хришћанског и посебно монашког подвига је драговољни избор и опредељење за „царство небеско" одрицањем од „царства земаљског", за духовне вредности као трајне уместо за ефемерне вредности овоземаљског живота. У српском народном епу то ће бити најснажније изражено у косовским песмама и отуд везано за косовско предање а идеја је у ствари парадигматска и лежи у темељима српских култова уопште.

Оставив супругу и чеда – Вид. Лк. 14, 25–35, где се говори о „мржњи" према блискима, заправо о опредељењу за Бога и службу Богу. Симеон је на тај начин „оставио" супругу Ану и децу Вукана и Стефана.

стр. 151 Када Христос дође – О другом доласку Христовом „у слави", као о средишњем есхатолошком догађају, говори се на више места у синоптичким јеванђељима: Мт. 16, 27; 25, 31; Мк. 8, 38 итд.

П а с т и р д о б р и – То је Симеон, али је прототип свакога доброг пастира Исус Христос (Јн. 10, 11. 14).

В о д у п р о ш а в ш и – Ирмос прве песме је из другог канона (крстоваскрсног) на васкрсној јутрењи у недељу, гласа осмог, у октоиху. Мотив је из прве библијске оде у Изл. 15, 1–19.

стр. 152 Т е л е с н е п о х о т е – Традиционална мисао аскетизма је да се „љубав љубављу побеђује", тј. да се пожуда тела „гаси" љубављу према Богу. Ова, пак, није само једнострана него је то уједно и сама божанска љубав, као енергија божанства у човеку. Тако у Лествици пише: „Чист је онај човек који је љубављу потиснуо љубав, и који је огњем невештаственим угасио пламен својих страсти" *(Лествица* 102).

Н е в е ш т а с т в е н о ж и в љ е њ е – Живот у телу по законима духовног, бестелесног живота; живот сличан анђелском животу.

Т е л о м и з к р в и – Последњи тропар сваке песме канона је тематски посвећен Богородици, без обзира на то што овде није обележен и својим карактеристичним називом „богородичан". Тема је овог богородичног тропара оваплоћење Сина Божјег, Логоса („Слово"), које се одиграло у Деви Марији „изнад природе", тј. изнад свих природних закона, макар и „телом": крв је Маријина „света", јер је дејством Духа Светог, по учењу православне теологије, њено биће било очишћено и освећено како би могла примити божанство и бити посредник мистерије његова оваплоћења.

Небескога свода – Ирмос треће песме је из октоиха, где је то ирмос треће песме другог (крстоваскрсног) канона васкрсне јутрење у недељу, гласа осмог. Модел треће песме је песма пророчице Ане, мајке Самуилове (1 Цар. 2, 1–10). „Градитељ небеског свода" је, разуме се, Бог.

стр. 153 Светога гледаш – „Свети" је у овом случају, и примарно, атрибутивно име Божије. Упор.: Ис. 10, 20; 17, 7; 41, 14 итд.; Ос 11, 9. Просветљењем добродетељним постиже се способност најдубљег духовног виђења, виђења Бога.

Вечну заједницу – Заједница са Богом, у којој се остварује и свеопште јединство са светом и људима; пут је ка томе, међутим, напуштање „света и тела" у примату духовног живота.

Клас – Симбол духовне плодности, умноженог и умножаваног добра (упор. Јн. 12, 24, где је зрно пшенично и симбол бесмртности). Љубав којом се чеда Симеонова овде напајају, очигледно, љубав је према Богу, у потпуном самозабораву и подвигу попут Симеоновог.

У з р о ч н и к с в е г а – Творац Бог, који је по православном учењу, апсолутни узрок свега што постоји. Његово „усељење у људску природу" је искључиво акт милости, а није последица човекових заслуга; та природа је изгнана из раја због непослушности што су је Адам и Ева испољили у односу према Божјој забрани (Пост. 3). Но посредовањем Богородице у оваплоћењу Бога („улажењу") та природа је „обновљена" у својој боголикости и потенцијалу бесконачног „уподобљавања" божанској природи.

Ч у д о т в о р а ц – Мада се у литератури понекад истиче како Сава у житијним текстовима посвећеним свом оцу („Господину Симеону") не говори о чудима и стога не пише чистом формом житија (М. Кашанин, Српска књижевност у средњем веку, Београд 1975, 124–125 и д.; Р. Маринковић, *Историја настанка Живота господина Симеона од светога Саве,* Сава Немањић – Свети Сава, 201–213), Сава управо на неким темељним чудима гради, установљава култ светог Симеона. У житију је то чудо нетакнутих моштију, а у служби још одређеније: не само по сврставању Симеона, сходно православној хагиолошкој традицији, у „преподобне", у заглављу службе, него и по наглашавању целокупности моштију, мироточивости и чудотворних исцељења. Због свега тога се Симеон овде назива „чудотворцем", опет потпуно у складу са православном хагиологијом. Уколико има разлика између житија и службе, разлика је у жанровској и функционалној природи ових текстова. Житије, у *Студеничком типику*, није писано за синаксар, није у литургијској функцији; њиме није конституисан култ св. Симеона; тај култ је конституисан овом службом, која има све атрибуте химнографских жанрова.

стр. 154 Ч у о с а м – Ирмос четврте песме канона је из октоиха, из исте песме на васкрсној јутрењи, другог, крстоваскрсног канона, осмог гласа. Модел четврте песме је молитва пророка Авакума (Авак, 3, 1–13).

П о т о ц и с у з а – Православна аскетика развила је читаву једну психологију плача у служби очишћења, катарктичких суза којима се бришу трагови, заправо потире дејство „страсти" (порока). Страсти су, са своје стране, патолошка стања душе (грч. патос = страст, страдање), која је обузета грешним жељама и мислима.

И с п у н и о с и в е р о м – Сви монашки подвизи, бдења, метаније и сва емоција срца тек се вером осмишљавају; вером као ставом ума добијају смисао и оправдање: Јевр. 11, 1–40.

Ч и с т а – Богородица, чији је атрибут потпуна, савршена духовна чистота; захваљујући томе она је „храм славе Божје", оно људско биће из којег се родио Бог. У духу ортодоксне теологије, овде се истиче рођеност као лично својство другог лица Тројице: онај који се рађа из Деве још давно „пре тога" рођен је (semper natus, како вели Августин) од Оца (Ј. Поповић, *Догматика* I, 173–174).

З а ш т о м е о д г у р н у – Ирмос пете песме је из октоиха, први канон васкрсне јутрење у недељу, гласа осмог. Модел пете песме је у молитви пророка Исаије: Ис. 26, 9–19.

С в е т л о с т и н е з а л а з н а – Бог је апсолутна, непролазна светлост, која се не смењује с тамом, која према томе „не залази". Тама је овде „тама туђине", а то значи – отуђености од Бога.

стр. 155 М н о г о п л о д н а л о з а – Јеванђелски новозаветни симбол духовне плодности, укорењене у Христу, који је „чокот": Јн. 15, 1–5.

З м и ј а н е п р и ј а т е љ с к а – Аждаја или змај, симбол ђавола, сатане, главног демона који је непријатељ Богу и свакоме човеку који хоће да слуша Бога. Упор.: Пост. 3, 1–4. 13; 2 Кор. 11, 3.

О р у ж ј е к р с т а – Крсни знак, осењивање знаком крста. Крстом је Христос победио ђавола, јер га та смрт није задржавала у власти ђавола попут других душа заробљених у аду. Захваљујући васкрсењу из мртвих и оруђе Христове смрти (крст) постаје симбол Христовог васкрсења и победе над ђаволом; отуда крст „убија", „усмрћује" ђавола. О значењу крста у православној сотериологији: Ј. Поповић, *Догматика* II, 467–510. „Оружјем против ђавола" назива се крст у византијској химнографији, на пример у хвалитној стихири васкрсној, гласа осмог, на јутрењи у недељу, у октоиху итд.

М и р . . . и з м о л и – Занимљиво је да се мир државе, значи политички мир овде јавља као предмет молитве, тј. као дар милости Божје. Тако и у следећем тропару, „спокојство владавине" се чува „благочашћа мудрошћу", а то значи мудрошћу која се има по мери побожности и страхопоштовања пред Богом.

С в е т и п р о р о ц и – Старозаветни пророци су према тумачењу црквених отаца предсказивали девичанство Богородице и рођење Христа-Месије од ње. Мисли се првенствено на Исаију (7, 14), али и на Мојсија (купина несагорива, Изл. 3, 1–8), Језекиља (Јез. 43,27–44,3) итд. О томе пише: Ј. Поповић, *Догматика* II, 235–238.

стр. 156 М о л и т в у с в о ј у – Мотив песме пророка Јоне у утроби кита (Јона 2, 3–10), шесте песме у низу библијских ода, мада су то и речи Пс. 142, 2 (Давидове, „кад беше у пећини"). Као ирмос шесте песме другог канона, крстоваскрсног, на јутрењи у недељу, гласа осмог, у октоиху.

С и н о в и с в е т л о с т и и д а н а – Синове светлости помињу Лк. 16, 8 и Јн. 12, 36. „Синови светлости и синови дана" – 1 сол. 5, 5. Тиме се хришћани упозоравају на духовну будност у очекивању другог доласка Христовог.

Б о ж и ј е т а л а н т е – Мотив приче о талантима: Мт. 25, 14–30. То су дарови које човек прима од Бога да би их умножио, а не да их закопа и врати без плода.

Г р е х о в н а с м р т – То може да буде смрт у греху, у стању греха; може да буде и грешност која собом носи смрт као конзеквенцу грехова.

стр. 157 И г о Х р и с т о в о – Алузија на место Мт. 11, 29–30, где се говори о читавом животу у Христу, по Христовом закону, као о терету који, добровољно „понет", постаје „благ".

Ф и н и к – Симбол из псалама: Пс. 92, 12.

О д т в о г а т в о ј е – Реминисценција литургијских речи из канона евхаристије: „Твоје од твога теби приносећи, за све и за сва" (упор. *Божанствене литургије,* Београд 1978, 58, прев. Ј. Поповић у нешто друкчијој верзији). Све добро је Божје; ако човек и приноси што Богу, не приноси своје већ Божије.

стр. 158 Б о ж и ј а с и л а с к а – Мотив седме и осме песме канона је у молитви тројице младића у вавилонској пећи (тзв. „девтероканонски" додатак у Дан. 3, који није преведен у Даничићевој Библији). Ирмос ове песме је иначе у октоиху, на истом месту канона јутрење у недељу, осмог гласа. „Божији силазак огњени" је силазак Бога у огањ, у коме су имала да изгоре тројица момака јеврејских у Вавилону (Седрах, Мисах и Авденаго). Тим божанским дејством поништено је дејство ватре па момци играју „веселим кораком" уз песму, која је често рефрен седме песме: „Отаца наших Боже, благословен јеси!"

Залутало потражи – Реминисценција на причу о пастиру и изгубљеном јагњету: Лк. 15, 1–7; упор. Мт. 18, 12–14.

стр. 159 Једина, једингога – У игри речима исказана је једна од средишњих мисли хришћанско-православног учења: Богородица Марија је једна једина – као непорочна и чиста Дева међу свим женама, једна и јединствена као људско биће; она рађа једнога јединог од Свете Тројице, Сина; макар и јединствена као човек Богородица рађа Сина у две природе („суштаство" је суштина, природа), тј. у људској и божанској, и то „лице видљиво једино", а то значи јединствену личност и јединствену „ипостас" Сина Богочовека. То „лице видљиво" тј. историјски Исус Христос је у овом смислу сам превечни Бог, „Бог отаца наших". Формула је срочена против монофизитске и несторијанске јереси, у духу одлука Халкидонског сабора 451. године.

Седам пута – Мотив вавилонске пећи из старозаветног „девтероканонског" дела књиге пророка Данила, као што је објашњено горе. „Халдејски тиранин" је цар вавилонски Навуходоносор. Ирмос осме песме је иначе у октоиху, канон јутрење у недељу, васкрсни, гласа осмог.

Божаственом светлошћу – Читава сика је грађена у реминисценцијама на пророка Мојсија на Гори Синајској (Изл. 34, 27–35); његово је лице божанском светлошћу било просветљено и зрачило израиљском народу.

Други Авраам – По својој гостољубивој дарежљивости, старозаветни праотац Авраам је прототип свакога дарежљивог доброчинства. Тако је Авраам прототип и св. Симеона Српског. Сем тога, Авраам је и прототип чврсте вере, која се такође помиње у овом тропару („вером просијавши"): Јевр. 11, 8–19.

стр. 160 Таму неверја прогнав – На више места, као на овом, Сава истиче заслугу св. Симеона Немање за победу праве хришћанске вере међу Србима. Као да се пре Немање српски народ још налазио у „тами неверја", тј. као да није био христијанизован, или је био у „тами јеретичкој", тј. под утицајем јереси, при чему се обично помишља на богумилску јерес, познату из других извора на јужнословенском терену.

Веру као оклоп – Реминисценција на познато место апостола Павла у Еф. 6, 11 и д., мада има и крупнијих разлика: у Павла је „оклоп правде", а овде је то „вера"; штит је „вере", а овде је то „љубав" итд.

Обамрли – Грехом обузети, људи су у стању обамрлости, неспособни да се покрену ради свог спасења. Из тог стања их подиже Богородица, родивши Христа који даје воду живу од које се не може ожеднети (Јн. 4,13–15 „извор воде која тече у живот вечни").

стр. 161 З а д и в и с е н е б о и з е м љ а – Ирмос девете песме из октоиха, на васкрсној јутрењи у недељу, гласа осмог. Мотив из Лк. 1, 46–55 (Богородичина благовештенска химна) овде није дошао до изражаја. Тема је оваплоћење Бога, према стиху из 1 Тим. 3, 16 „Бог се људима јави у телу" и то је „велика тајна побожности". Друга стилска фигура утробе „шире од неба" је иконографски позната у мотиву Платитера („Шира од неба"): примањем Бога који се својим апсолутним бићем ни у бескрајна небеса не може сместити, постала је Богородица пространија од неба.

Ш т о о к о н е в и д е – 1 Кор. 2, 9, омиљени Савин библијски цитат.

К р а с а н ј а в и о с и с е – У игри речима „красан јавио си се божаственим красотама (добродетељима, Симеоне блажени/, пред красним Владиком радосно стојиш) итд., изражена је идеја лепоте као највише манифестације божанске светости. Божански атрибут је лепота („красота"), Бог је леп („красан"), његова дејства у човеку се испољавају као лепота („красота"), човек који се преобразио врлином и сам је леп као Бог. Тиме се постиже поистовећивање човека и Бога, „обожење" човека у сфери божанске лепоте.

Д а н а с – Литургијски презент у служби спомена израз је таквог погледа по коме је светост свагда актуелна, свети догађај као и света личност. Литургијски однос је према томе, за средњи век карактеристичном схватању, жив, актуелан однос. О томе: Д. С. Лихачов, *Поетика старе руске књижевности,* Београд 1972, 324–332 (прев. Д. Богдановић).

Т в о ј а в е л и к а Л а в р а – Студеница. Служба је очигледно испевана и намењена првенствено за студенички култ ктитора, св. Симеона, присутног и дејственог у своме манастиру и преко својих моштију.

стр. 162 М и л о с т и њ у н и ш т и м а – Мада се даје сиротињи, молостињу прима сам Бог, према Мт. 25, 31. 46.

стр. 163 К а о М о ј с и ј е б о г о в и д а ц – Поређење Горе Свете са Гором Синајском, и паралелно упоређење Симеона са Мојсијем, овде не у сфери законодавства него боговиђења, мистичног сусрета с Богом и прозирања у божанске тајне, о чему се иначе говори на више места у Изл. 19; 24; 31–34.

ПИСМО СПИРИДОНУ

стр. 167 С в е т и Г р а д – Јерусалим, циљ свакога хришћанског ходочасника. У време овога, вероватно другог Савиног ходочашћа (1234–35), Јерусалим се налазио поново под влашћу Арапа муслимана (Саладин га је поново освојио од крсташа још 1187).

Б о ж а с т в е н и г р о б – Гроб Христов, место где је по предању био гроб у коме је сахрањен Исус Христос, да после три дана васкрсне из мртвих. Већ у раном средњем веку ту је подигнута црква са читавим једним комплексом богомоља.

стр. 168 Б е з у м н и А р и ј е – Први велики јеретик хришћанства (око 256–336). За његову делатност је нарочито карактеристична агресивна борба за превласт у црквеној организацији. Својим учењем уводио је у представу о тројичном божанству начело подређености и неједнакости (зато је то „антитринитарна јерес"): по њему, само је Отац прави Бог, божанство „по себи"; Син је тек највише створење, неслично Оцу; Дух је нижи од обојице. Аријева јерес је осуђена на првом васељенском сабору у Никеји, 325. Сам Арије је, по предању, умро напрасном смрћу. Његов је традиционални епитет „безумни" познат нарочито из *Житија св. Петра Александријског* (25. новембар): Ј. Поповић, *Житија светих за месец новембар*, Београд 1977, 743–749.

стр. 169 С в е т и М а р к о – Апостол, један од дванаесторице ученика Христових, јеванђелист. По предању, проповедао је у Александрији (Египат), главном средишту хеленизма на Блиском Истоку. Био је и први епископ александријске цркве и мученички страдао за Неронова царевања, око 68. године, те му је у Александрији још од тих година развијен велики култ. Његов животопис вид.: Ј. Поповић, *Житије светих за месец април*, Београд 1973, 387–392, под 25. априлом. Сава је и остварио план да иде у Александрију и на Синајску Гору. Под Синајском Гором овде треба подразумевати пре свега чувени манастир св. Катарине у подножју кршевитог Синаја, са пратећим испосницама и капелама, које су се од самог постанка монаштва у III веку н. е. множиле око „Светога врха", на коме је по библијском предању праотац Мојсије примио Божје заповести. О томе путовању Теодосије, *Житије светог Саве* 173–188.

УПУТСТВО ЗА ПСАЛТИР

стр. 174 С у г у б а н а г р а д а – Алузија на јеванђелску причу о талантима: Мт. 25, 14–30.

стр. 175–176 Н е з н а ђ а х д о б р о г р ч к и – Важан исказ светога Саве. С једне стране, сведочанство о преводу; с друге, утврђује се – не само у формули скромности – да је Сава као преводилац имао тешкоћа са грчким језиком, што се може видети и у другим његовим преводима – *Хиландарском тишику* тамо где је он превођен са *Евергешидског шишика*, па и у *Крмчији*, код које ипак није довољно јасно шта је и колики је Савин преводилачки удео. О том питању говори Л. Мирковић, *Сшиси свешога Саве* 18.

РЕЧНИК МАЊЕ ПОЗНАТИХ РЕЧИ

агрипнија (грч.) – бденије, свеноћна служба
алилуја (јевр.) – „Славите Бога!" чест литургијски рефрен („Алилуја! алилуја! алилуја! слава теби, Боже!")
амин (јевр.) – заиста, да, нека тако буде; завршна формула молитава
анафора (грч.) – благословени хлеб, „нафора"
анђелски образ (лик) – монаштво, монашки чин
арула (грч.) – преносиво огњиште, мангал
архиепископ (грч.) – први епископ, поглавар самосталне православне цркве
архиепископија (грч.) – седиште архиепископа
архијереј (грч.) – првосвештеник; епископ
архимандрит (грч.) – старешина већег манастира, највиши монашки чин

бденије – вечерње или свеноћно богослужење, у коме се спајају вечерња и јутрења
беда – невоља, несрећа
бес – демон, ђаво
било – клепало, удараљка (дрвена или метална) којом се у манастиру монаси позивају на службу Божју
благоверан – побожан, веран
благоверност – побожност, верност

благодат̄ – милост, сила Божја, дар Светог Духа (грч. *харизма*)
благопријатан – угодан, пријатан
благородан – племенит; племенитог рода
благоухан – миомирисан, који је пријатног мириса
благочастив – побожан
боговидац – онај који види Бога одн. који је видео Бога; епитет праоца Мојсија
богодан – који је од Бога дан одн. Добијен
богодарован – који је од Бога дарован
Богодевојчица – Богородица (према стсл. Богоотроковица)
богомудар – обдарен божанском мудрошћу
богоносан – који Бога у себи носи
богопаран – који узлеће ка Богу
богородичан – црквена песма (тропар) посвећена Богородици
бојазан Господња – синоним: страх Господњи – свештени, религиозни страх од Бога као морални императив или кочница
болезан – бол, мука; болест
бољар – великаш, властелин

васељена – сав свет
васкрсни – недељни, који пада у недељу, који се пева или чита у недељу
венчати – крунисати; венчати (браком)
вечерња – главно вечерње богослужење
вишње силе – анђели
Владика – Господ (Исус Христос)
Владичица – Господарица (Богородица)

двери (свете) – олтарска врата, врата на иконостасу

Дева – девојка, девица; назив Богородице, која је зачела „безмужно" (без мушкарца), од Светог Духа, и родила Исуса не повредивши своје девичанство

Девојчица – Дева, Богородица (према стсл. Отроковица)

дијаклизмо (грч.) – испијање вина и узимање анафоре после литургије

дипших (грч.) – поменик, књига у коју се уписују имена живих и мртвих за помен на литургији

добродетељ – врлина; добро дело

довољство – задовољење потребног, неопходног; *што је на довољство* – што је неопходно

епископ (грч.) – највиши чин црквене јерархије, дословно значи надзорник; архијереј, владика

епитимија (грч.) – црквена казна духовно-педагошког карактера

златопечатан – са златним печатом; *з. повеља*, хрисовуља, владарска повеља највишег реда, снабдевена златним печатом

иго – јарам; терет

игуман (грч.) – старешина манастира

икос (грч.) – реторски грађена похвална и поздравна песма која прати кондак

инок – монах, калуђер

иноплеменик – туђинац, странац

ирмос (грч.) – песма-образац за тропаре у свакој оди канона

искони – у почетку, у прапочетку

исход – излазак; излазак душе из тела, смрт

јереј (грч.) – свештеник

јерес (грч.) – кривоверје, заблуда вере коју црква осуђује и проклиње

јеромонах (грч.) – монашко-свештенички чин, монах који има чин свештенства те може да служи литургију, монах-јереј

јутрења – главно јутарње богослужење

кадило – кадионица

канархање (грч.) – читање канона у цркви

канон (грч.) – правило; византијски песнички жанр, сложен из више посебних песничких форми

катизма (грч.) – група од неколико псалама, која се чита као литургијска целина; псалтир је подељен на 20 катизми

кедар (грч.) – врста зимзеленог дрвета; *к. ливански* – кедар који расте на планини Ливану (Лебанону); симбол усправности, узвишености, плодности

кир (грч.) – господин (као титула)

клепало – било

клепалце – мало клепало, мало било

клир (грч.) – свештенство уопште, црквена јерархија

коленопоклоњење – молитвени поклон, велики и мали (метаније)

колесница – кола, двоколица

кондак (грч.) – литургијска химна особите врсте, уграђена у структуру канона (после шесте песме); уз тропар – најважнија песма сваког култа у православној цркви

красовоља (грч.) – пехар, чаша

крепост – снага, моћ

крстијански – хришћански

ктитор (грч.) – оснивач манастира или цркве

лавра (грч.) – већи, обично владарски, царски манастир

литургија (грч.) – служба Божја, главно црквено богослужење, на коме се врши света тајна причешћа и које се служи по правилу ујутру одн. преподне

литургисати – служити литургију

лице – лице или „ипостас" (хипостаза) Свете Тројице; личност уопште; сама особа (о којој се говори) одн. њено присуство

луча – зрак светлости

међучасје – кратка служба која се чита и пева између часова

метаније (грч.) – поклони који се чине приликом изговарања појединих молитава

метимон (грч.) – „С нама (је Бог!)", псаламска песма која се пева на великом повечерју; отуда: велико повечерје (павечерњица)

минеј (грч.) – месечник, богослужбена књига са песмама за сваки дан у месецу *(службени м.),* само за веће празнике *(празнични м.)* или за типове светих *(општи м.).*

миро (грч.) – свето или освећено уље; миомирисно уље које чудесно истиче из светих моштију

мошти – посмртни остаци светаца, чувани и поштовани као предмет посебног црквеног и народног култа

муж – човек; одрастао, зрео мушкарац

намесник – наследник престола, престолонаследник

напаст – невоља; искушење

наследство – наследници, потомство

наставник – водитељ, руковођа

невештаствен – нематеријалан, бестелесан, духован

несмислен – који је без разума, безуман, луд
ништ – сиромашан

обитељ – манастир
обличити (обличавати) – укорити, окривити; укоравати, окривљавати
образ – лик, обличје; монашки чин (мали и велики, анђелски, апостолски, грч. схима)
оваплотити се – отеловити се, постати човек од крви и меса (за Сина Божјег), према Јн. 1, 14.
озлобљен – упропашћен, оштећен, опустошен
октоих (грч.) – осмогласник, богослужбена књига са црквеним песмама различитог жанра, груписаним за певање по „гласовима", којих је у византијској музици осам
омити – опрати, спрати
општежиће – монашка заједница, манастир (грч. киновија), заснован на строгој дисциплини заједничког живота, молитве и рада под руководством игумана
отац – монах; назив којим се ословљава монах или свештено-монах и уопште црквени свештенослужитељ
отачаство – земља отаца, отаџбина; очевина, посед отаца; постојбина
отачаствољубац – онај који љуби своје отачаство
отпуст – благословна молитва којом се црквена служба завршава

параклитик (грч.) – богослужбена књига, врста октоиха (осмогласника)
парик (мн. парици) (грч.) – зависан сељак у Византији; у средњовековној Србији – меропах
планина – планински предео са пашњацима

подвизавање – монашка аскеза

подобан – песма чија мелодија служи као образац другим песмама

поклони – грч. метаније, молитвено клањање

покојиште – место где се обитава одн. лежи; обиталиште, боравиште

полуноћница – поноћна служба тзв. „дневног" циклуса

поп (грч. папас, отац) – свештеник, свештеномонах; у средњем веку уобичајени општи иазив за свештенослужитеља

пост – литургијско време у православној цркви са прописаним уздржавањем од хране и нарочитим правилом богослужења; велики пост, четрдесетница, ускршњи пост

подвиг – подвиг, борба; мука; аскеза (према грч. агон)

преподобан – свет; епитет светог монаха; у правосл. цркви категорија светих монаха

престављање – смрт

Приснодева – Она која је увек дева, Увекдева

причасник – онај који учествује у чему, који се сједињује са чим или с ким

прозорљив – који види унапред оно што се иначе не види

промисао – брига, старање; Божје старање о свету или о појединим људима

прот (грч. протос) – протепистат, изборни старешина Свете Горе

псалам изборни – песма („псалам") састављена од стихова разних псалама; одабрани псалам, укључен у дневна богослужења

псалтир (грч.) – збирка 150 (151) псалама, старозаветних химни, чији је аутор једним делом цар Давид („псалми Давидови"); књига у којој су псалми

работати – служити
раса (грч.) – основна монашка одећа
риза – свештеничка одежда; монашка хаљина

саврстан – одговарајући
савршити – испунити у целости, извршити; начинити
самодржац – владар суверене државе, носилац све власти (према грч. автократор)
сатворити – начинити, направити
сахођење – силажење, силазак
сведржитељ – који све држи у својој власти, атрибут божанства
светилна – врста црквене песме која се пева после канона
светитељ – епископ, архијереј, владика
седилна – црквена песма (према грч, катизма), која се пева на јутрењу, укрштена са читањем „катизми" псалтира или после треће (одн. шесте) песме канона
скрб – жалост, туга
славовенчање – увенчавање славом, крунисање славом
слово – реч, говор; назив одељка, поглавља
Слово – грч. Логос = Реч Божја, друго лице Свете Тројице; Син Божји Исус Христос
смислодавац – онај који дарује разум
стеиена – стихови из псалама који се певају на свечаној јутрењи у недељу
стихира (грч.) – врста литургијске песме, која се пева уз одређене стихове псалама
стиховно – група песама (стихира) у октоиху, које се певају уз стихове псалама
странопримац – који прима странце, гостопримац
странствовати – ићи у туђину, живети у туђини
стратор (грч.) – мазгар

струја – текућа, жива вода; река
сугуб – двострук, удостручен
суштаство – биће, природа

таланат (грч.) – назив монете; дар Божји
тетрајеванђеље (грч.) – четворојеванђеље, богослужбена књига која садржи 4 јеванђеља у канонском поретку (Матеј, Марко, Лука, Јован)
тиховање – нарочити вид монашког подвига, обележен усамљеношћу, умном молитвом и медитацијом; исто што и грч. Исихија
тишина – мир, спокојство
триблажени – „троструко блажени", најблаженији
Трисвето – песма Светој Тројици („Свети, Боже!/ свети, крепки!/ свети, бесмртни!/ помилуј нас!")
тропар (грч.) – химна, једна од основних форми византијског песништва
трудоположник – онај који је прописао подвиге

ћелија (грч. келија) – монашка ћелија; соба у манастирском конаку за становање монаха; посебна кућица или колиба у којој живе монаси испосници

уподобити се – учинити се сличним, постати сличан
успеније – уснуће, смрт
устав – правило, литургијско правило, синоним грч. типик
усходиште – пут или средство којим се пење; степенице, лестве

фалагедона (грч.) – жива рана
финик (вар. финикс, грч.) – урма, датуља; уоп. палма; симбол животности и вечне младости

царевати – владати (без обзира на ранг владавине; тако и кнез и жупан и краљ и цар „царују"!)
црноризац – монах, калуђер

часови – службе тзв. дневног богослужења – први, трећи, шести и девети час
часословац – богослужбена књига са дневним службама – часовима, вечерњом, јутрењом итд.
чиноначелства – сви редови и рангови (за анђеле и људе)
чредни – коме је ред, дневни
чтеније – читање; читање поучног штива по типику

Шестопсалмије – шест псалама утврђених за читање на почетку јутрење

РЕГИСТАР

Авраам 49, 80, 118, 138, 159, 246
Адам 146, 240
Алексије III Анђел 10, 36, 124, 183, 196, 197, 215, 226, 228
Александрија 169, 250
Ана, Анастасија, Настасија 93, 114, 128, 221
Арбанаси 35, 196
Арије 168, 215, 249, 250

Белица, област 35, 117, 196, 225
Богача, планина 37
Богородица, Богоматера, Владичица, Госпођа Богородица, Дева, Дева Марија, Матера, Мати, Наставница, Пресвета Девојчица, Приснодева Марија, Чиста 36, 37, 41, 43, 47, 70–75, 88, 89, 98, 101, 102, 109–113, 118, 121, 122, 128, 138, 144, 146, 153, 155, 161, 174, 203, 215, 221, 224, 226, 228, 231, 238, 240, 241, 243, 245, 247
Бугари 141, 231, 232

Ваведење Свете Богородице, Пресвета Богородица Наставница, Света Богородица у Милејама – манастир 37, 133
Вавилон 158, 244

Ватопед, манастир 9, 53, 132, 204, 229
Василије Велики, свети 56, 63
Велика Лавра, манастир 229
Владичица, в. Богородица
Власи 37, 110, 197
Вукан 10, 124, 143, 144, 228, 237

Глбочица, Глобочица, Дубочица 35, 117, 196, 225
Голишево 37
Госпођа Богородица, в. Богородица
Градац Ибарски 11
Грци 35, 141, 231

Дабар 11, 111
Дабшор 37
Давид 58, 75, 85, 120, 175, 243
Дева, Дева Марија, в. Богородица
Дионисије, јеромонах 131, 229
Дршковина 117, 225

Ђурђеви ступови, манастир 11, 226
Ђурђево 37

Египат 14, 144, 250

Загрлата 35, 117, 196, 225
Зета 35, 37, 117, 145, 196, 228

Иверци (Грузинци, Ђурђијанци) 141, 231
Израилћанин 151
Израиљ 122, 124
Илија 149, 236

Исаак, Исак 36, 49, 124, 138, 228
Исус Христ, Син Божји, Христос 36, 44, 47, 49, 50, 52, 54, 57, 71, 79, 90, 103, 113, 126, 137, 146, 167, 168, 208, 238, 245, 249

Јаков 36, 124, 138, 144, 228, 233, 235
Јевреји 79
Јерусалим 202, 249
Јован Златоусти 13, 112, 211
Јован Лествичник 13, 56, 63, 207, 210, 221, 235
Јона 156, 243
Јосиф 120, 124, 144
Јуда (Искариотски) 71

Казновићи 111
Кареја 41, 198, 199
Карејска ћелија 15, 184, 198, 199, 223
Кострц 117, 225

Лаб 35, 117, 196, 225
Латини 143, 233
Левче 35, 117, 196, 225
Лепеница 35, 196
Липљан 35, 117, 196, 225

Марко, свети 169, 250
Матера, Мати, в. Богородица
Методије, игуман хиландарски 53, 134, 143, 205, 232
Методије Солунски 13
Милеје 37, 133, 197, 230
Мојсије 163, 243, 246, 248, 250
Момуша 37

Наставница, в. Богородица
Настасија, в. Ана
Непробишта 37

Ораховица 41

Павле, апостол 11, 41, 58, 78, 79, 81, 102, 200, 229, 246
Парици 37
Патково 117, 224
Петар, апостол 11, 200
Пилот 35, 117, 196, 224
Подримље 117, 224
Полиевкт 98
Поморавље 117, 225
Пресвета, в. Богородица Пресвета
Богородица Наставница, в. Ваведење Свете Богородице
Пречиста Девојчица, в. Богородица
Призрен 37, 197, 224
Приснодева Марија, в. Богородица

Рабно 117
Радово судство 37
Рама 127
Рас 111, 118, 128, 221, 226, 227, 234
Рахиља 127
Реке 35, 117, 196, 225
Ретивља 37
Ретивштица 37
Рибница 145
Руси 141, 231, 232
Сава (Јерусалимски) 15, 41, 199
Света Богородица Градачка, манастир 11, 111

Света Богородица Добротворка, манастир 110, 111, 118, 128, 224, 228

Света Богородица у Милејама, в. Ваведење Свете Богородице

Света Богородица у Расу, манастир 128

Света Богородица у Топлици, манастир 118

Света Гора 9, 10, 12– 15, 21, 26, 37, 41, 129– 134, 137, 145, 150, 152, 153, 163, 183, 197, 198, 204, 215, 229, 230, 232, 233, 248

Свети Георгије у Дабру, манастир 11, 111

Свети Георгије, Свети Ђурђе у Расу, манастир 111, 118, 226

Свети Никола у Дабру, манастир 11,111

Свети Никола у Казновићима, манастир 111

Свети Никола у Топлици, манастир 111, 118, 225

Св. Петар и Павле, манастир 11

Свети Сава 7, 9–21, 24– 28, 31, 41, 42, 44, 47, 48, 168, 169, 175, 179, 180, 181, 183, 184, 196, 199, 201, 203–206, 211– 221, 223, 224, 226, 228– 230, 232, 233, 235– 237, 240, 246, 247, 249– 251

Симеон, Свети Симеон, Симеон Немања, Стефан Немања 9, 10, 21, 24– 26, 31, 35 36, 37, 52–54, 92, 98, 111, 114, 117, 128– 131, 133, 135, 137, 138, 141,143– 146, 149– 158, 160– 164, 167, 168, 179, 184, 195, 196, 198, 205, 215, 221, 224, 226, 231– 233, 235– 241, 246–248

Син Божји, в. Исус Христ

Синајска Гора 169, 246, 248, 250

Ситница 117, 225

Сламодрави 37

Соломон 120

Спиридон 20, 165, 167, 168, 179, 184, 249

Стефан, Стефан Немања (Немањић, Првовенчани) 10, 26, 36, 37, 117, 119, 124, 126, 143, 144, 196, 197, 226, 228, 230, 235, 237
Стефан Немања, в. Симеон
Студеница, манастир 8, 10, 11, 17, 21, 31, 167, 221, 224, 228–230, 233, 237, 248

Теодор, великомученик 68, 107, 214
Топлица 11, 111, 118, 225, 226
Трновац 37
Трново 12
Трње 37
Трпезе 37

Угри 35
Ушка 117, 225

Филип 113

Хвосно 12, 117, 144, 224, 233
Хиландар 7, 8, 10, 12, 13, 15–18, 21, 26, 27, 31, 37, 183, 184, 197–199, 203–205, 215, 216, 219, 222, 224, 228, 230–233
Хоча 37
Христ, Христос, в. Исус Христ

Цариград 10, 16, 17, 143, 226, 228, 232, 233
Црква Светих апостола 145, 233

Чиста, в. Богородица

САДРЖАЈ

Предговор
Свети Сава (Димитрије Богдановић)................7
СВЕТИ САВА, САБРАНИ СПИСИ
   ХИЛАНДАРСКА ПОВЕЉА СИМЕОНА НЕМАЊЕ 35
   КАРЕЈСКИ ТИПИК.............................. 39
   ХИЛАНДАРСКИ ТИПИК 45
   СТУДЕНИЧКИ ТИПИК (изводи) 105
   ЖИТИЈЕ СВЕТОГА СИМЕОНА НЕМАЊЕ 115
   СЛУЖБА СВЕТОМ СИМЕОНУ 147
   ПИСМО СПИРИДОНУ 165
   УПУТСТВО ОНОМЕ КОЈИ ХОЋЕ ДА ДРЖИ
   ОВАЈ ПСАЛТИР 171

Пратрани текстови
Белешка о овом издању 179
Рукописи 183
Библијски цитати 187
Коментари 193
Речник мање познатих речи 253
Регистар 263

Свети Сава
САБРАНИ СПИСИ

Уредник
Даница Штерић

Ликовни уредник
Ратомир Димитријевић

Графички уредник
Слободан Тасић

Коректори
Драгана Маслек
Бранка Станисављевић

Издавач
Издавачко предузеће Просвета а.д.
Чика Љубина 1
www.prosveta.co.yu
prosveta@prosveta.co.yu

За издавача
Зорица Мијић, генерални директор

Штампа
Штампарија Српске патријаршије
Београд

Тираж 2 000 примерака

Београд 2008.

ISBN 978-86-07-01796-6

CIP - Каталогизација у публикацији
Народна библиотека Србије, Београд

821.163.41-94
27-36:929 Сава, свети
821.163.41-97

САВА, свети
    Сабрани списи / свети Сава ; [приредио Димитрије Богдановић]. – Београд : Просвета, 2008 (Београд : Штампарија Српске патријаршије). – 268 стр. ; 21 cm. – (Библиотека Стара српска књижевност)

Тираж 2.000. – Стр. 7-32: Предговор / Димитрије Богдановић. – Библијски цитати: 187-192. – Коментари: стр. 195-251. – Речник мање познатих речи: стр. 253-262. – Регистар.

ISBN 978-86-07-01796-6

а) Сава, свети (око 1174-1235)
COBISS.SR-ID 145952524

www.ingramcontent.com/pod-product-compliance
Lightning Source LLC
Chambersburg PA
CBHW071147160426
43196CB00011B/2033